fitness para adultos

un libro en *movimiento*

fitness para adultos

simon frost

Frost, Simon
Fitness para adultos / Simon Frost. -- Bogotá :
Panamericana Editorial, 2004.
   128 p. : il. ; 15 cm. -- (En movimiento)
   ISBN 958-30-1492-3
   1. Gimnasia 2. Gimnasia para hombres 3. Educación
física 4. Gimnasia para mujeres I. Tít. II. Serie
796.41 cd 19 ed.
AHV9700

   CEP-Banco de la República-Biblioteca Luis Ángel Arango

Editor
Panamericana Editorial Ltda.

Traductor
Gloria Inés Múnera

Título original del libro: *Personal Fitness*
Nombre original de la colección: *Flowmotion Series*

Primera edición en Inglés, 2002
© Axis Publishing Limited
8c Accommodation Road
London NW11 8ED
United Kingdom

Primera edición en Español, junio 2004
© Panamericana Editorial Ltda.
Calle 12 No. 34-20 Tel.: 3603077
www.panamericanaeditorial.com
panaedit@panamericanaeditorial.com
Bogotá D. C., Colombia

ISBN: 958-30-1492-3

Las opiniones y consejos expresados en el libro tienen el único propósito de servir sólo como guía. Ni la Editorial, ni el autor aceptarán responsabilidad alguna por lesiones o pérdidas que sean producto del uso de este libro.

Reservados todos los derechos. Ninguna parte de este libro puede ser reproducida en ningún medio, fotocopias, microfilmación, escáner, o cualquier otro recurso, ni incluida para hacer parte de ningún otro medio o sistema, sea este electrónico o mecánico, sin la autorización expresa del Editor.

Impreso por Panamericana Formas e Impresos S.A.
Calle 65 No. 95-28 Tel.: 4302110
Bogotá D. C., Colombia
Quien sólo actúa como impresor.

un libro en *movimiento*

fitness para adultos

contenido

introducción	6
pesas	16
ejercicios con balón	42
estabilidad central	64
ejercicios con cable	74
índice	126

entrenamiento en resistencia

El entrenamiento en resistencia (conocido también como entrenamiento en fuerza o entrenamiento con pesas) es un tipo de ejercicio que utiliza el sistema muscular para moverse en contra de una fuerza opuesta. Esta fuerza puede crearse de distintas formas, utilizando equipos, pesas, balones para ejercicios, bandas elásticas, el peso natural del cuerpo, y aún con el simple hecho de correr. Este libro cubre una completa variedad de equipos y proporciona descripciones detalladas acerca de la manera correcta de realizar las técnicas, factor muy importante que se debe tener en cuenta al llevar a cabo las actividades. Siguiendo las imágenes y el texto como guía, desarrollará la técnica apropiada para el entrenamiento en resistencia de manera segura.

Cada vez más personas utilizan el entrenamiento en resistencia pero sólo unos pocos analizan realmente el contenido y la estructura de su programa de ejercicios. Un programa bien diseñado puede lograr mucho más que músculos desarrollados: incrementa la fuerza y la resistencia muscular, aumenta el tamaño y la masa muscular, reduce la grasa corporal, mejora el tono muscular y el metabolismo, aumenta la densidad ósea e incrementa el rendimiento deportivo.

Comprensión del lenguaje

Antes de comenzar el entrenamiento es importante familiarizarse con los términos y conceptos del entrenamiento, así como con aspectos importantes del desarrollo y seguridad de quienes lo practiquen.

ISOMÉTRICO Se refiere a una contracción muscular en donde hay carencia de movimiento cerca a una articulación. Se logra contrayendo un músculo contra una resistencia (por ejemplo, un objeto pesado), o contra un objeto inmóvil (tal como una pared o el piso). El entrenamiento isométrico aumenta la fuerza en un ángulo determinado de la articulación. Es útil para superar un impedimento, es decir, la parte de un movimiento en la que el músculo se encuentra biomecánicamente en su punto más débil.

REPETICIONES Es el número de movimientos realizados dentro de una serie. Tiene dos fases: la primera, denominada concéntrica, es la acción de acortamiento de un músculo cuando el ángulo de una articulación disminuye, como la parte ascendente en una flexión de bíceps; y la excéntrica, es el alargamiento del músculo cuando el ángulo de la articulación aumenta, tal como la parte descendente de la flexión de bíceps. Las repeticiones determinan los resultados: a mayor número de repeticiones, mejor efecto sobre la resistencia y la tonificación; mientras que a menor número mayor efecto sobre el tamaño y la fuerza muscular.

SERIE Es un conjunto de repeticiones realizadas de manera continua. Puede constar de cualquier número de repeticiones, normalmente hasta 20. Las series van, por lo general, de 1 a 10, y así como las repeticiones, afectan el resultado del entrenamiento. Mayor número de series producen un entrenamiento mayor, el cual se reflejará en un aumento de talla y masa muscular magra y en reducción de la grasa corporal. Lo ideal es que el principiante comience con una serie de repeticiones, aumente el número de series a medida que los músculos hayan descansado, y cuide de no alcanzar el punto de sobrecarga.

FUERZA Capacidad del músculo de contraerse al máximo contra una resistencia. Para medirla se lleva a cabo una repetición al máximo (IRM). Puede aumentarse realizando pocas repeticiones, entrenando con pesas a alta intensidad y aumentando el volumen.

TONO Apariencia de un músculo en estado de reposo. Cuanto más tonificado, mayor será su densidad y su firmeza. Un músculo tonificado puede parecer duro pero es tan flexible como uno flácido.

RESISTENCIA Capacidad de un músculo de contraerse de manera continua hasta que la fatiga afecte la técnica o no se pueda continuar el movimiento. La repetición de movimientos para aumentar el volumen puede mejorar la resistencia. Existe una conexión entre fuerza y resistencia, no se puede lograr más fuerza sin aumentar la resistencia. Por ejemplo, si alguien entrenara tres series de seis a ocho repeticiones para aumentar la fuerza, una resistencia máxima de 15 repeticiones sería una ayuda. Aunque el aumento en resistencia no sería tan dramático como en fuerza, será suficiente para lograr rendimiento con muchas repeticiones.

HIPERTROFIA Indica un aumento en el tamaño de la fibra muscular. Una hipertrofia bien lograda es el objetivo de muchos programas de físicoculturismo, y se logra con ejercicios de pocas repeticiones y alta intensidad y volumen.

ESPECIFICIDAD Para que un músculo aumente como resultado de un entrenamiento, ese músculo debe ser el objetivo específico de un ejercicio. Algunos ejercicios utilizan muchos músculos, pero aun así están enfocados en uno en particular, y existen músculos de soporte que ayudan a un músculo promotor.

PROMOTOR Músculo principal que se contrae para crear la dirección del movimiento, durante un ejercicio. Algunos ejercicios utilizan tres músculos diferentes al mismo tiempo, pero existe solamente un promotor.

ANTAGONISTA Músculo que se relaja mientras el opuesto se contrae para crear el movimiento. Por ejemplo, al extender la pierna, los cuádriceps actúan como promotores, y los flexores de la rodilla (tendones) como antagonistas.

ESTABILIZADOR Músculo responsable del control durante un ejercicio. Por ejemplo, durante una flexión de pecho, el promotor es el pectoral mayor y los estabilizadores son los del hombro.

TIPOS DE FIBRAS MUSCULARES Los músculos solamente pueden halar, no realizan presión contra los huesos a los cuales están adheridos. Se contraen y extienden de manera controlada contra una resistencia. Los músculos constan de dos tipos de fibras.

De movimiento lento son fibras que pueden producir un nivel de fuerza bajo por un periodo prolongado y, por tanto, se utilizan para actividades basadas en la resistencia, principalmente las aeróbicas. Se ejercitan con alto número de repeticiones y poca fuerza.

De movimiento rápido son más potentes. Se utilizan en ejercicios de gran fuerza y corta duración y son de mayor tamaño que las fibras de movimiento lento. Se ejercitan con entrenamientos de gran fuerza y pocas repeticiones.

En todos los entrenamientos con pesas se usan los dos tipos de fibras, pero una será predominante según lo requiera el movimiento. Dado que las fibras de movimiento lento son más resistentes a la fatiga, el cuerpo las activará en un comienzo y pasará luego a las de movimiento rápido.

técnica

Al realizar ejercicios de resistencia es vital aplicar una técnica correcta para lograr resultados efectivos. Es común que la gente trate de levantar pesos tan elevados como les sea posible. Al hacer esto, sacrifican una buena postura para adoptar otra que les facilite superar el impedimento biomecánico del ejercicio. Este cambio afectará la sobrecarga del músculo promotor y reducirá su aislamiento, menguando el potencial para lograr un desarrollo muscular específico. Al mismo tiempo, pondrá mayor énfasis sobre los músculos estabilizadores, transformando el ejercicio específico en un ejercicio común.

VELOCIDAD Y RANGO DE MOVIMIENTOS (RM) Una velocidad elevada promueve el rendimiento de un entrenamiento de potencia. Generalmente requiere un equipo de gimnasia especializado que se enfoca en músculos y grupos musculares específicos y está diseñado para crear una fuerza uniforme a una velocidad determinada sobre el RM completo. Sin este equipo, el entrenamiento en velocidad tiene un elevado riesgo de lesión debido a la fuerza excesiva producida por la velocidad del ejercicio.

RESPIRACIÓN Es esencial en cualquier técnica de entrenamiento. La respiración debe acompasarse con el ejercicio: exhalar en el movimiento inicial e inhalar en el regreso. Una alternativa es inhalar antes de levantar, retener la respiración durante el levantamiento y exhalar al final, antes de inhalar al regreso. El primer método es el más seguro y práctico, mientras que el segundo permite levantar pesos mayores, ya que el torso se torna rígido al llenarse de aire. Esto crea una mejor plataforma, pero puede aumentar la presión sanguínea.

No es recomendable retener la respiración al realizar entrenamientos en resistencia, especialmente en movimientos por encima de la cabeza (como flexión de hombros) y en los cuales el corazón esté a mayor altura que la cabeza (como levantamiento en un banco o empuje francés).

MANTÉNGASE EN MOVIMIENTO
A menos que sufra de presión sanguínea alta, trate de mantener tensión dentro de los músculos activos durante el movimiento. No permita que los músculos activos se relajen en la posición de partida, ni descanse las pesas entre las repeticiones. Conserve un movimiento constante y evite ajustar las articulaciones: una articulación ajustada puede comprimirse y desgastarse con el tiempo.

SOBRECARGA Describe la aplicación de una fuerza mayor que la que un músculo o un grupo muscular ejerce normalmente y produce una adaptación física específica de los músculos utilizados, para obtener el efecto de entrenamiento requerido. La sobrecarga debe ser independiente del objetivo del entrenamiento. Por ejemplo, si el objetivo es la pérdida de grasa, el gasto total de calorías debe ser mayor que el número consumido. La sobrecarga es la manera más efectiva de lograr resultados, pero debe ser constante y progresiva y evitar los excesos innecesarios o los esfuerzos musculares. Para lograrla no aumente la cantidad de peso; aumente o disminuya la velocidad, el número de series, de repeticiones y el volumen.

INTENSIDAD Ésta es la clave para lograr una sobrecarga efectiva. Diferentes grados de intensidad producen resultados diferentes. Por ejemplo, si se desea tener bíceps más tonificados, comience con un programa de tres series de 15 repeticiones y fatíguese al final de la tercera serie, lo que crea sobrecarga. Si le entusiasma la posibilidad de progresar, aumente el peso muy rápidamente y reduzca las repeticiones a 10. Al aumentar así la intensidad, el efecto del entrenamiento se basará más en la fuerza.

VOLUMEN Aumentar el volumen es también una manera efectiva de lograr la sobrecarga. Para hacerlo auméntele repeticiones y series a una rutina, o incluya un ejercicio adicional para el músculo, por ejemplo, dos ejercicios para bíceps por sesión. También se incrementa el volumen con entrenamientos más frecuentes: al trabajar el bíceps tres veces a la semana en lugar de dos se producirá mayor sobrecarga. Sin embargo, existe una relación entre el volumen y el tamaño del músculo: a mayor volumen, más probabilidades de que el músculo se hipertrofie. El volumen desempeña también un papel muy importante en la pérdida de grasa: su aumento crea mayor masa muscular, lo cual acrecienta el índice metabólico del cuerpo. Se recomienda que cada grupo muscular se entrene por lo menos dos veces a la semana, con el fin de obtener un progreso significativo.

PERIODICIDAD Todos los entrenamientos deben modificarse con cierta frecuencia con el fin de prevenir la adaptación total, de lo contrario los músculos dejarán de sobrecargarse y no se desarrollarán más. Los cambios sutiles en la técnica del ejercicio, en las repeticiones y series, son importantes para lograr resultados continuos, ya sea en lo concerniente a fuerza, resistencia o tono.

RECUPERACIÓN Se puede observar fatiga muscular entre las series, causada por una variedad de factores físicos, como la producción de ácido láctico, la interferencia de impulsos nerviosos y el agotamiento de los depósitos de energía. Ésta es temporal y disminuirá después de un corto descanso. El descanso entre series y ejercicios es importante en el tipo de resultados. Si el objetivo es lograr fuerza, los descansos deben ser de hasta siete minutos. Si lo que desea es obtener resistencia, no pueden llegar al minuto. Las sesiones de recuperación deben ser de un día. Existe un tipo de resentimiento muscular prolongado denominado dolor muscular de aparición retardada (DMAR). El DMAR que se presenta entre 24 y 48 horas después del entrenamiento y puede persistir hasta por cuatro días es señal de fuerte sobrecarga.

sistemas

Los sistemas son utilizados para darle estructura a un entrenamiento. Aplican la mejor combinación posible de repeticiones, series, descanso, volumen e intensidad, para lograr el resultado deseado. Existen muchos tipos de sistemas, algunos de los cuales proporcionan resultados similares. A continuación se describen algunos, con el fin de proporcionar un programa de ejercicios sencillo pero efectivo.

BALÓN PARA EJERCICIOS
Posibilita una sencilla manera de aumentar la resistencia al trabajar un grupo muscular específico.

SISTEMA	REPETICIONES	SERIES	FRECUENCIA
SERIE SENCILLA PARA FUERZA, INTENSIDAD ALTA PRINCIPIANTES	8-12	1	3 veces a la semana por grupo muscular
SERIE SENCILLA PARA RESISTENCIA, INTENSIDAD ALTA PRINCIPIANTES	12-15	1	3 veces a la semana por grupo muscular
SERIES MÚLTIPLES PARA FUERZA, INTENSIDAD MEDIA INTERMEDIOS-AVANZADOS	5-6	3-7	Por lo menos dos veces a la semana, dependiendo de la recuperación
SERIES MÚLTIPLES PARA RESISTENCIA, INTENSIDAD MEDIA INTERMEDIOS-AVANZADOS	12-15 o 15-20	3-7	Por lo menos dos veces a la semana, dependiendo de la recuperación. Los periodos de descanso deben ser de 30 segundos entre series y ejercicio
INTENSIDAD DEL CIRCUITO GENERAL AVANZADOS	10-15	1-3 circuitos	2-4 veces a la semana

introducción | 11

DESCANSO	NOTAS
1 minuto entre cada ejercicio	Buen sistema para aumentar fuerza y resistencia, con un aumento mínimo en el tamaño. Ideal para un trabajo corto, en el cual el cuerpo se puede entrenar totalmente con 8 a 10 ejercicios. Requiere 25 minutos para completarlo. Debido a su intensidad máxima es necesario un buen calentamiento, con una serie de ensayo.
30 s entre cada ejercicio	
30 s entre cada ejercicio	Generalmente son 3 series, pero para fisicoculturismo avanzado se pueden completar hasta 7. El peso es constante, pero con un volumen de series mayor puede haber 2 series de calentamiento en las que se aumente. Debido al volumen, se fija el peso a intensidad media. El incremento de la fuerza es mayor que con series sencillas y la sesión es más larga, pero es probable un aumento del tamaño muscular. El trabajo puede dividirse por regiones del cuerpo en días diferentes, ya que las sesiones pueden durar más de 1½ hora para un trabajo completo.
de 30 s a un minuto Descanso entre músculos y ejercicios. Debe haber un descanso de 1-2 días, que aumenta con el número de series.	
El descanso entre los ejercicios debe ser mínimo (15-30 s). Debe haber un descanso de 1 a 2 días entre las sesiones.	Los circuitos permiten aumentar fuerza y resistencia. Consisten en series de ejercicios en secuencia, en la que cada uno se realiza hasta alcanzar una ligera fatiga. Los periodos de descanso son mínimos, y el ejercicio no debe interrumpirse hasta completar el circuito.

SISTEMA DE ACCIÓN PERIFÉRICA DEL CORAZÓN	
SISTEMA	Intensidad media/alta. Mantener la frecuencia cardiaca sobre 140 latidos por minuto. **AVANZADO**
REPETICIONES	Puede realizarse con un número alto o bajo de repeticiones, pero normalmente se realizan entre 8 y 12.
SERIES	3 series con varias secuencias
FRECUENCIA	3 veces a la semana, o fraccionado en ejercicios de alto volumen y realizados 4-5 veces a la semana.
DESCANSO	Mínimo entre ejercicios y secuencias; 15 minutos deben ser suficientes.
NOTAS	Éste es un circuito modificado, basado principalmente en el aspecto cardiovascular. El objetivo es mantener la frecuencia cardiaca en 140, o mayor, durante todo el tiempo. En este sistema el entrenamiento se fracciona en varias rutinas que contienen entre 4 y 6 ejercicios diferentes. Los ejercicios se realizan en un formato de circuito, con un descanso mínimo entre ellos. Cuando se hayan completado 3 circuitos con todos los ejercicios, se debe proceder con la secuencia siguiente hasta completar las 7 secuencias. Este tipo de entrenamiento es muy extenuante, pero ofrece muchos beneficios aeróbicos y de resistencia muscular.

reglas del sistema y seguridad

fraccionamiento

El fraccionamiento se puede aplicar a cualquier sistema. La razón para hacerlo es trabajar con mayor énfasis cada grupo muscular. Los músculos requieren descansos más largos, pero aún así, necesitan entrenarse una vez a la semana como mínimo. Los siguientes son ejemplos de fraccionamientos:

1. La parte superior del cuerpo en la primera sesión y la inferior en la siguiente. Es bueno para sesiones cortas de bajo volumen. Se puede realizar cada día, ya que mientras un grupo muscular descansa, el otro se encuentra en actividad.

2. Pecho con tríceps y hombros en un día. Bíceps, espalda y piernas el siguiente. Es bueno si desea alto volumen para aumentar tamaño o tono. Puede realizarlo diariamente, pero con un volumen mayor, y necesitará de un día de descanso después de dos sesiones.

3. Pecho con bíceps y piernas en la primera sesión, y trabajo con tríceps, espalda y hombros en la siguiente. Esto aumentará la fuerza, ya que no habrá un músculo previamente fatigado durante el entrenamiento. Necesita por lo menos de un día de descanso entre las dos sesiones, pues la falta de recuperación afectará la segunda sesión.

reglas del sistema

- Las repeticiones siempre se deben trabajar en rangos (por ejemplo, entre 8 y 10), para que los músculos se sobrecarguen dentro de la zona deseada.

- Si se pueden completar más repeticiones que el rango fijado, el peso debe aumentar, y viceversa, si las repeticiones están por debajo del rango.

- Se debe lograr una sobrecarga, ya sea por medio de fatiga o de falla de la zona que se está trabajando.

- Mantenga un peso fijo hasta lograr cómodamente la meta máxima, o sea, 10 de 8-10 repeticiones. Sólo entonces se debe aumentar el peso.

- Sólo después que un músculo pueda realizar una serie al máximo se debe agregar otra.

- Si agrega una serie, debe lograr el rango de repeticiones fijado, lo contrario significa que el músculo no está preparado para ello.

- Descanse siempre entre ejercicios y series, de lo contrario, no se logrará la sobrecarga indicada.

- No exceda la hora y media de entrenamiento por sesión, ya que su rendimiento disminuirá con el cansancio.

- Fraccione por grupos musculares (por ejemplo, pecho y espalda) los entrenamientos de volumen alto, pero descanse cada músculo por lo menos un día y repita los ejercicios mínimo dos veces por semana.

seguridad

Es crucial realizar el entrenamiento en un ambiente seguro y con las técnicas correctas. Asegúrese de que exista espacio suficiente a su alrededor cuando utilice pesas. Lleve un atuendo que le proporcione libertad de movimientos. Verifique su postura para evitar tensión o daños en los músculos y ligamentos.

ENTRENAMIENTO EXCESIVO Para obtener resultados de entrenamientos con pesas, logre una sobrecarga mínima de cada grupo muscular. Entrenar más de tres veces a la semana puede ser excesivo, si el cuerpo no se ha recuperado de la sesión previa, la intensidad fue muy alta y el daño muscular se prolongó. Si escoge un entrenamiento intensivo reduzca la frecuencia, para que los músculos descansen un tiempo. Trabajar con mayor frecuencia y menor intensidad permite un mejor efecto del entrenamiento. Demasiado volumen, intensidad o la combinación de ambos conduce a la fatiga crónica. La primera señal de entrenamiento excesivo es una reducción repentina del rendimiento, que no se recupera con unos pocos días de descanso. Esto puede acarrear graves consecuencias físicas y psicológicas. Los síntomas físicos incluyen disminución de peso, reducción del apetito, mal sueño, frecuencia cardiaca y presión sanguínea elevadas en reposo, dolor muscular y náuseas. Puede ser difícil identificar las señales de alerta: falta de motivación y confianza en sí mismo, mal humor, pérdida de concentración, depresión, rabia o irritabilidad.

SEGUIMIENTO Un observador es la persona que apoya a quien se está entrenando con un ejercicio difícil, y a la que puede solicitar ayuda cuando lo requiera. Al seleccionar un observador, tenga en cuenta lo siguiente:

- Es esencial una buena comunicación entre observador y ejercitante.

- El observador debe ser tan fuerte como para levantar el peso que el practicante está levantando.

- El observador debe estar familiarizado con la técnica del ejercicio y la posición desde la cual debe apoyar.

- El observador debe conocer el número de repeticiones que el ejercitante tiene como meta.

- El observador debe estar alerta todo el tiempo y listo para brindar ayuda si llega a ser necesario.

calentamiento y enfriamiento

CALENTAMIENTO GENERAL Antes de cualquier ejercicio es necesario un calentamiento para aumentar la temperatura corporal, reducir las posibilidades de tensión muscular, preparar la mente, mejorar la coordinación y el equilibrio y movilizar las articulaciones. Un calentamiento general puede consistir en cinco o diez minutos de aeróbicos de baja intensidad y un estiramiento.

CALENTAMIENTO ESPECÍFICO PARA RENDIMIENTO Recomendamos un calentamiento específico para entrenamientos de alta intensidad y rendimiento. Esto incluye ensayar el ejercicio real con menor intensidad y volumen. También estire los músculos que va a ejercitar, como preparación para un entrenamiento en resistencia.

ENFRIAMIENTO Después de cualquier programa de ejercicios debe haber una etapa de enfriamiento que evite los efectos de la acumulación de sangre en las extremidades inferiores, dado que cuando éstas se inundan de sangre y se reduce la circulación al corazón, pueden presentarse desmayo, mareo y náuseas. Los músculos en movimiento ayudan a bombear la sangre de regreso al corazón, por tanto realice un ejercicio de baja intensidad de tres a siete minutos.

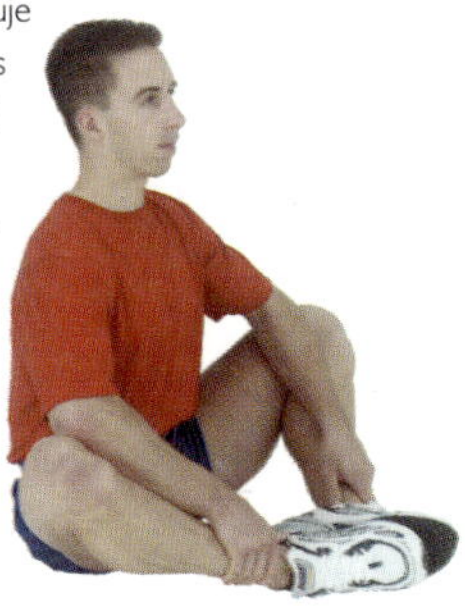

ESTIRAMIENTO DE CUÁDRICEPS *abajo* Apoyándose en una pierna, hale hacia arriba el otro pie, detrás de su cuerpo. Manténgase erguido para potenciar al máximo el estiramiento a través de la parte anterior de la pierna.

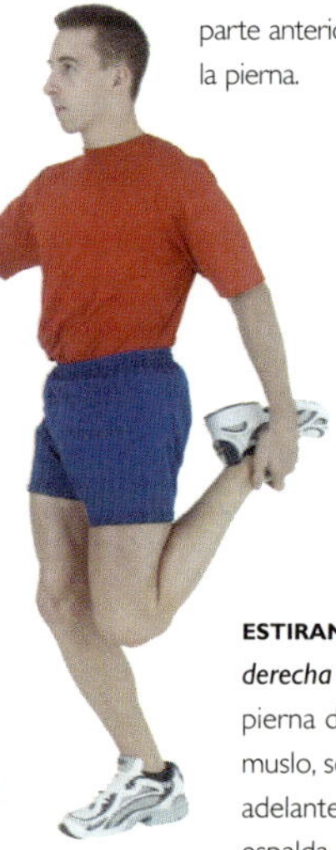

ESTIRAMIENTO ILIOTIBIAL *izquierda* Cruce los pies, con las plantas de ambos sobre el piso. Mantenga rectas las piernas, incline la cadera hacia el lado del pie de atrás. Se debe sentir un estiramiento en la parte externa de la pierna.

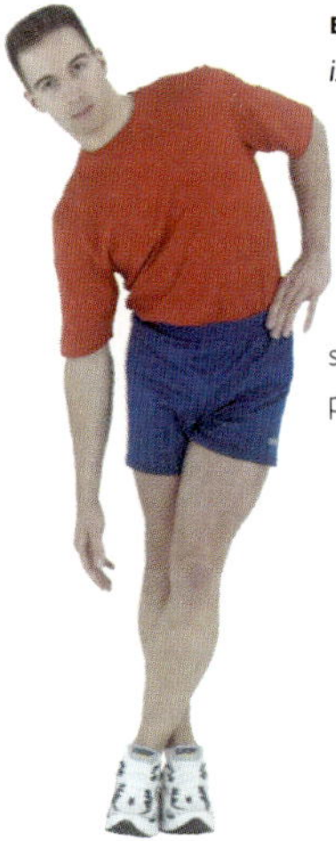

ESTIRAMIENTO DEL FLEXOR DE LA CADERA Coloque una rodilla adelante y extienda la otra pierna atrás. Sitúe sus manos sobre la rodilla. Mantenga derecha la cadera y la parte superior del cuerpo vertical.

ESTIRAMIENTO DE LA INGLE Junte las plantas de los pies y empuje suavemente sus rodillas hacia el piso mientras que su espalda permanece recta.

ESTIRAMIENTO DEL FLEXOR DE LA RODILLA *derecha* Mantenga una pierna recta. Flexione la pierna de apoyo y ponga ambas manos sobre el muslo, sosteniendo su peso. Ahora dóblese hacia adelante desde la cadera, conservando la espalda recta.

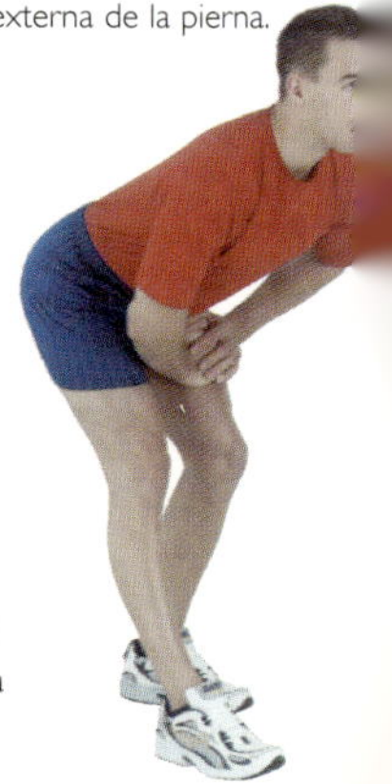

siga la secuencia

Las imágenes especiales *en movimiento* utilizadas en este libro han sido creadas con el fin de mostrarle el movimiento en su totalidad, no sólo algunos aspectos destacados. Cada secuencia de imágenes fluye de izquierda a derecha a través de la página, mostrando el avance del ejercicio y cómo realizarlo de manera segura y efectiva. La marca de color sobre el título indica si el ejercicio es apropiado para principiantes, intermedios o avanzados, el texto en la parte inferior de las imágenes proporcionan información adicional para ayudarle a realizar los ejercicios con confianza. Abajo se encuentra otra franja informativa en una línea de tiempo, que incluye instrucciones para respirar y símbolos que indican cuándo mantener una posición.

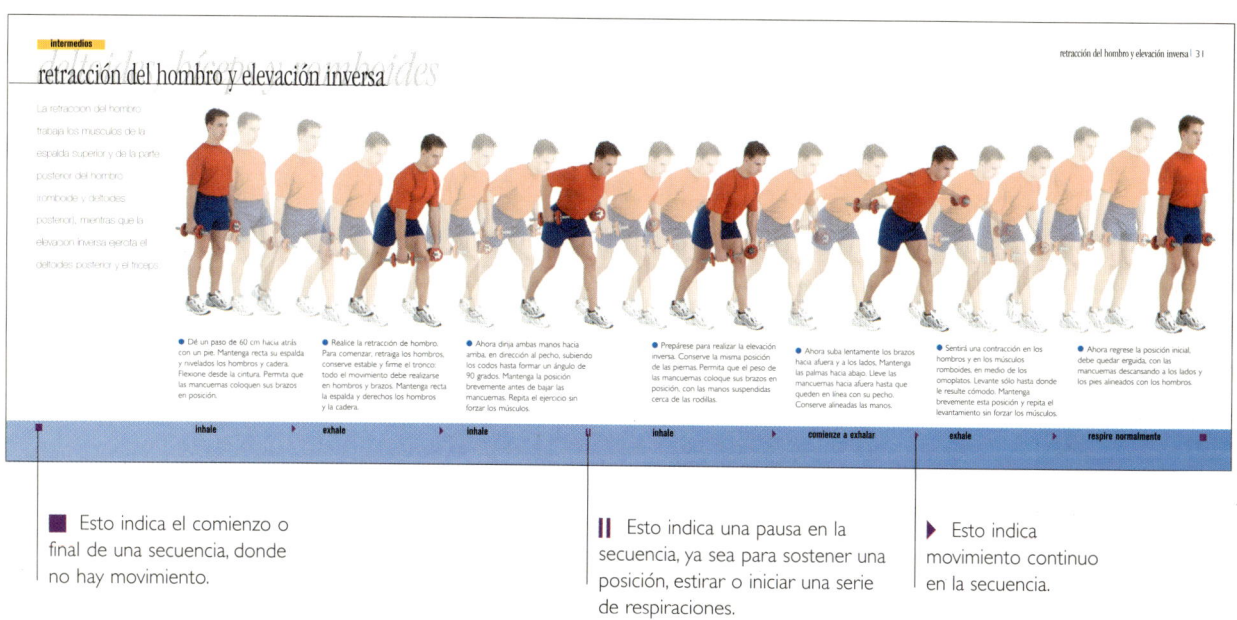

■ Esto indica el comienzo o final de una secuencia, donde no hay movimiento.

❚❚ Esto indica una pausa en la secuencia, ya sea para sostener una posición, estirar o iniciar una serie de respiraciones.

▶ Esto indica movimiento continuo en la secuencia.

pesas

principiantes

cuclillas
cuádriceps y glúteo mayor

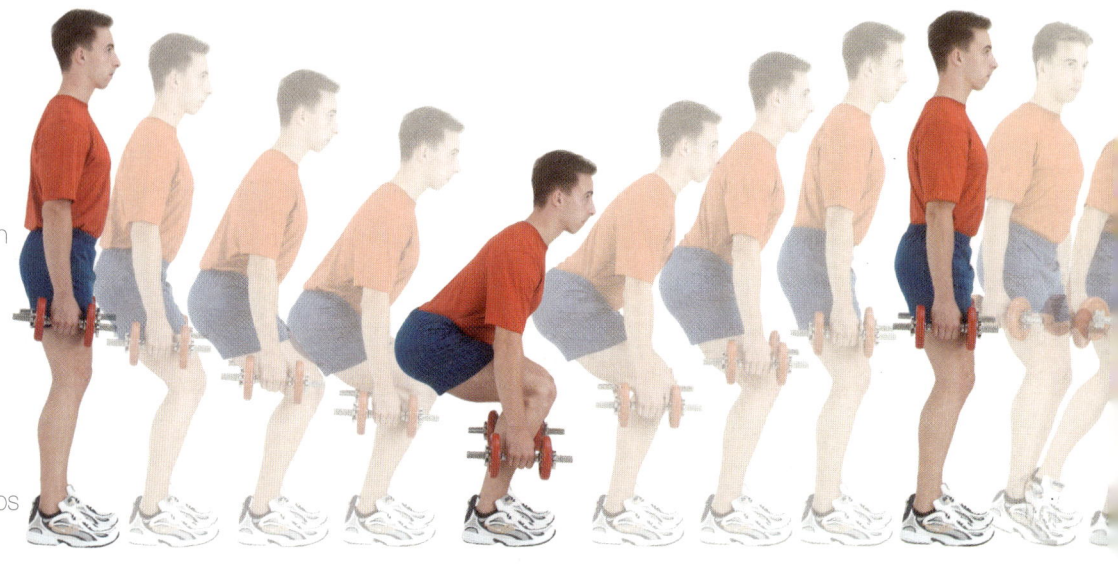

Éste es un ejercicio primario para trabajar los músculos cuádriceps, en la parte anterior de los muslos. Este movimiento ejercitará también los flexores de la rodilla (tendones), los aductores y los glúteos. Las variaciones reducidas y más amplias permitirán aislar los cuádriceps o los aductores.

- Con el esternón recto, abdomen contraído y pies alineados con los hombros, flexione las rodillas sin permitir que sobrepasen los dedos de los pies. Para mayor beneficio, el ajuste debe ser en la cadera.

- Descienda hasta que sus rodillas casi formen un ángulo de 90 grados. Mantenga la cabeza erguida, la espalda recta y derecha la pelvis, para centrar el peso. Equilíbrese sobre los talones sin inclinarse hacia adelante.

- Mientras desciende mantenga las mancuernas ligeramente adelante para equilibrarse, pero los brazos deben estar relajados. Deje todo el peso del cuerpo sobre los talones (debe ser posible mover los dedos de los pies).

exhale ▶ comience a inhalar ▶ inhale ▶

cuclillas | 19

- Con suavidad, regrese poco a poco a la posición inicial. Levante las nalgas y estire (sin ajustar) las rodillas. Ahora acuclíllese con los pies separados a unos 60 cm sobre los talones.

- Con los dedos de los pies hacia afuera, a 45 grados del cuerpo, descienda de nuevo, con las rodillas en línea con los pies. Centre su peso en los talones y no se incline hacia adelante. Acuclíllese hasta que las rodillas queden a 90 grados.

- Ahora levántese, desde las rodillas. Conserve el esternón hacia adelante y su espalda recta durante el movimiento ascendente.

- Regrese a la posición inicial, con sus brazos y rodillas relajados. Repita ambos movimientos sin forzarse.

exhale || inhale ▶ exhale ▶ respire normalmente ■

principiantes

levantamiento desde el piso hasta la cadera y sentadillas

Esta secuencia consta de dos movimientos que trabajan los músculos de la parte anterior y posterior de los muslos. El levantamiento desde el piso hasta la cadera ejercita los flexores de la rodilla y los glúteos, mientras que las sentadillas trabajan los cuádriceps.

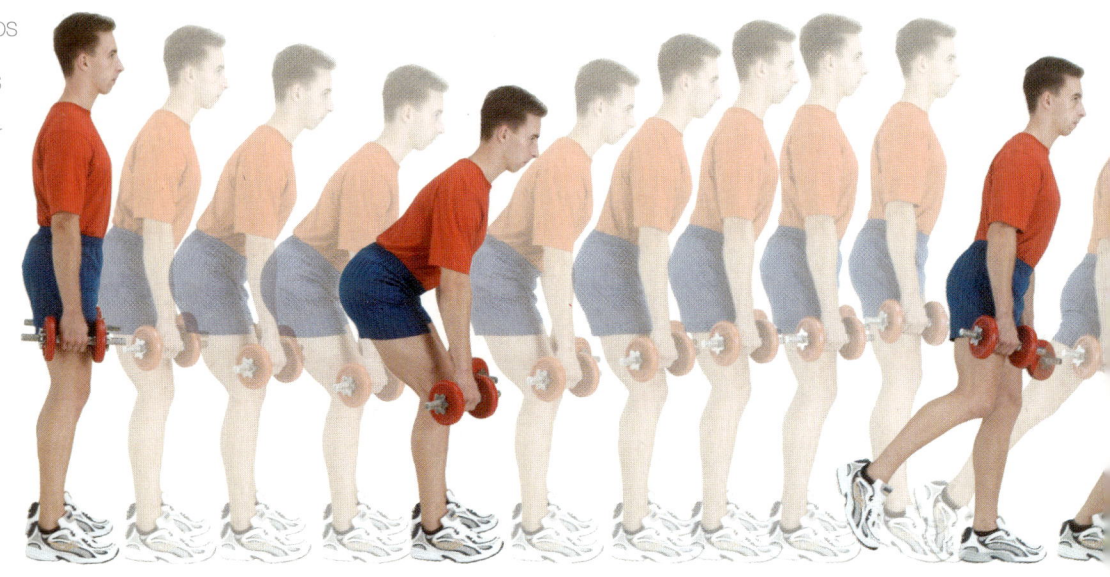

- Sostenga las pesas en una posición central durante todo el movimiento y permanezca con los brazos en ángulo de 45 grados respecto al cuerpo. Comience el ejercicio flexionando las rodillas y doblando la parte superior del cuerpo hacia adelante.

- Mantenga dobladas las rodillas y rectos los brazos. Mueva las pesas hacia adelante a medida que se dobla. Baje las mancuernas, apenas sobrepasando las rodillas. Ahora suba con lentitud el cuerpo. Sentirá una contracción en los flexores de la rodilla.

- Párese completamente. Conserve recta la espalda y no arquee ni encorve los hombros. Todo el movimiento debe provenir de la cadera y las nalgas. Regrese a la posición inicial y repita el levantamiento sin forzar los músculos.

inhale ▶ comience a exhalar ▶ exhale 11

levantamiento desde el piso hasta la cadera y sentadillas | 21

- Prepárese para las sentadillas dando un paso de aproximadamente 90 cm hacia adelante con su pie izquierdo. Mantenga rectas la espalda y la cadera. Sostenga las mancuernas con suavidad a los lados.

- Ahora inhale y baje la rodilla derecha hacia el piso. La parte superior del cuerpo debe permanecer rígida durante todo el movimiento, de manera que sólo trabajen los músculos de la pierna. Conserve neutra y recta la pelvis.

- Mantenga vertical la espinilla izquierda; la rodilla no debe sobrepasar los dedos de los pies. No toque el suelo con la rodilla derecha. El paso hacia adelante no debe ser muy largo, para evitar una rotación de la cadera.

- Sostenga esta posición por un segundo, luego exhale y regrese a la posición de partida. Ahora repita las sentadillas hacia adelante con la otra pierna. Trabaje ambas piernas de manera alterna sin forzar los músculos.

inhale ▶ **inhale** ▶ **exhale** ▶

intermedios

extensión de la pierna, de pie
flexores de rodilla y cuádriceps

Al moverse en contra de la gravedad, este sencillo pero efectivo estiramiento trabaja los flexores de la rodilla y los cuádriceps. Es indispensable conservar el equilibrio para realizarlo de manera efectiva. Apóyese en una pared.

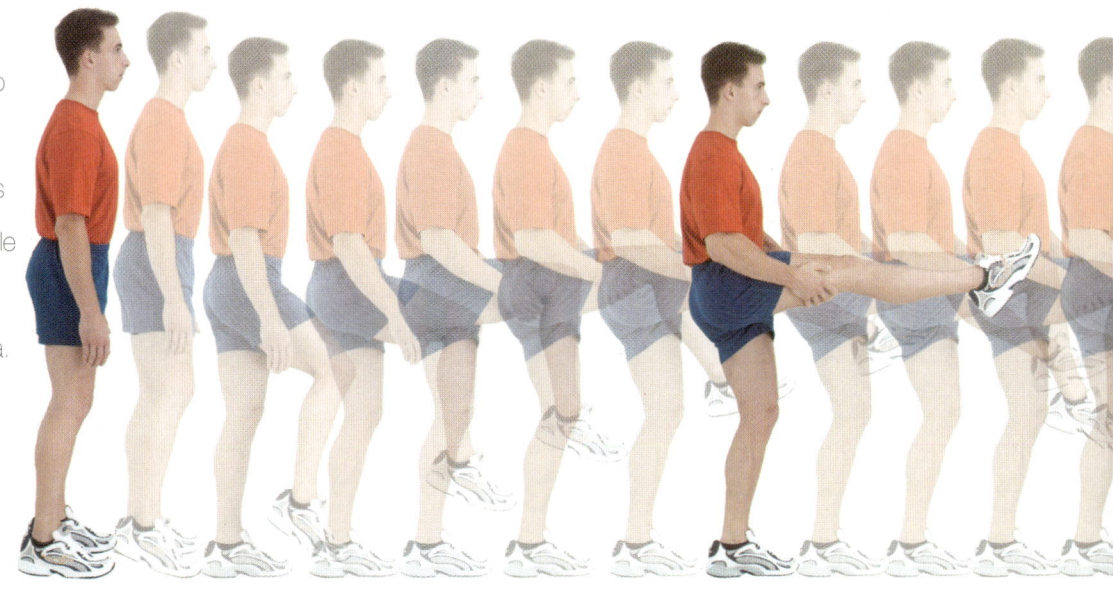

● Suba lentamente la pierna derecha; flexione por la cadera. Mantenga la pierna de apoyo relajada en la rodilla para permanecer flexible y equilibrado durante el movimiento. Conserve recta la espalda y la cabeza, mirando hacia adelante.

● Sostenga con las manos la parte posterior del muslo derecho. Extienda con lentitud la pierna desde la rodilla. Debe quedar aproximadamente a 90 grados respecto al cuerpo. Inclínese un poco hacia atrás desde la cadera para compensar.

● Relaje la pierna de apoyo y extienda la derecha tanto como pueda. Sentirá estiramiento en la parte inferior y contracción del cuádriceps. Si es posible, ajuste la rodilla. Mantenga plana la planta del pie y no extienda los dedos.

inhale ▶ **comience a exhalar** ▶ **exhale**

extensión de la pierna, de pie | 23

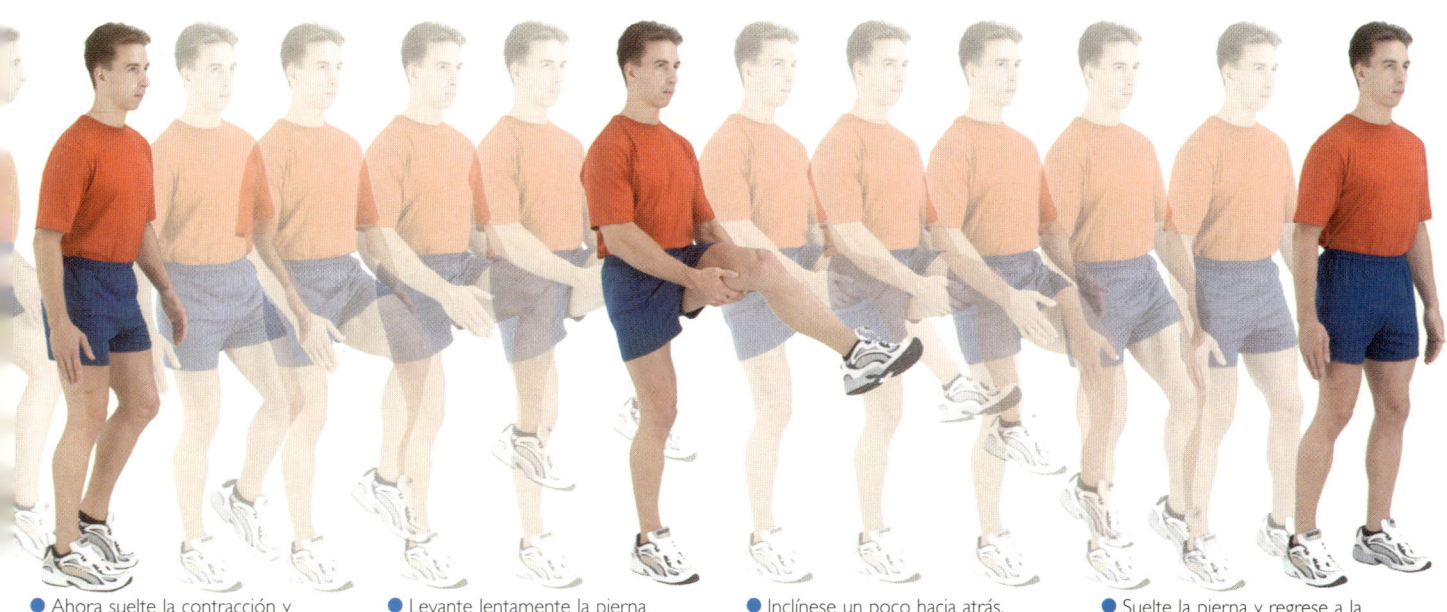

● Ahora suelte la contracción y regrese la pierna al piso. Adopte de nuevo la posición de pie, erguido. Repita la extensión de pierna con la izquierda.

● Levante lentamente la pierna izquierda; flexiónela por la cadera hasta formar un ángulo de 90 grados con el cuerpo. Relaje la rodilla de la pierna de apoyo, para conservar el equilibrio. Sostenga el muslo izquierdo por la parte inferior.

● Inclínese un poco hacia atrás, desde la cadera para compensar el cambio de peso. Mueva la pelvis hacia arriba. Sentirá un estiramiento debajo de la pierna extendida y una contracción en el cuádriceps.

● Suelte la pierna y regrese a la posición de pie, erguido, con sus brazos relajados a los lados y las rodillas relajadas.

inhale ▶ **comience a exhalar** ▶ **exhale** ▶ **respire normalmente**

principiantes

levantamiento de pantorrilla, sentado

Ésta es una sencilla pero efectiva manera de trabajar los músculos de su pantorrilla. Necesitará una silla para sentarse y un peldaño o cualquier otra superficie elevada aproximadamente a 8 cm del piso.

- Siéntese, con la espalda recta. Coloque los pies sobre la plataforma, con el talón descansando hacia el suelo. Sostenga las mancuernas de manera equilibrada sobre sus rodillas, con los codos sobre los muslos.

- Realice el ejercicio con una pierna y después con la otra. Levante la pierna, dirigiendo la punta del pie hacia abajo suba el talón de manera que el pie sirva de bisagra sobre la plataforma.

- Sentirá una contracción en los músculos de la pantorrilla. Ahora baje de nuevo el pie a la posición inicial. No permita que el pie caiga muy abajo, para no forzar los músculos de la pantorrilla ni el tendón de Aquiles.

| inhale | comience a exhalar | exhale | 11 |

levantamiento de pantorrilla, sentado | 25

- Repita ahora el levantamiento con su pie izquierdo. Presione para levantar la rodilla. Eleve el talón y apunte los dedos hacia abajo. Sentirá una contracción en los músculos de la pantorrilla.

- Baje de nuevo el pie a la posición inicial. Repita ahora el ejercicio con ambas piernas al mismo tiempo.

- Presione con las yemas de ambos pies para levantar las rodillas. Flexione la planta de los pies, suba los talones y apunte con los dedos hacia abajo. Mantenga brevemente esta posición, luego baje los pies, dirigiendo los talones hacia el piso.

- Puede realizar la versión de pie del levantamiento de pantorrilla: mantenga el equilibrio sobre las bolas de los pies encima de la plataforma y con el peso del cuerpo, baje y levántese utilizando los tobillos como bisagras.

| exhale | ▶ | inhale | ⏸ | exhale | ▶ | respire normalmente | ⏸ |

principiantes

levantamiento y empuje de pecho

Esta serie de movimientos se concentra en los músculos pectorales y trabaja los hombros y tríceps. Para realizar este ejercicio es preferible acostarse en el suelo que hacerlo en un banco, pues de acuerdo con investigaciones realizadas, los músculos se pueden lesionar al llevar los brazos por debajo del nivel del cuerpo.

- Acuéstese en el piso. Sostenga las mancuernas con firmeza con los brazos extendidos verticalmente, codos ajustados y hombros flexionados a 90 grados. Las palmas deben estar hacia adentro, en dirección al cuerpo.

- Para comenzar el ejercicio, inhale y baje los brazos, moviendo las pesas en un arco suave, hacia cada uno de los lados. El ángulo de los codos debe permanecer constante y uniforme durante todo el movimiento. Baje los codos para que descansen en el suelo.

- Ahora suba y una los brazos para llevar las pesas hacia arriba, hasta que se junten. No ajuste los codos. Sostenga esta posición por un segundo.

- Con las pesas sobre la cabeza, comience el empuje de pecho. Baje poco a poco las mancuernas, llevando los brazos sobre el piso. Mantenga las pesas niveladas a medida que baja los codos hacia el suelo.

inhale ▶ exhale ▶ inhale

levantamiento y empuje de pecho | 27

- Sostenga las pesas de manera que las palmas queden hacia sus pies. Las manos y antebrazos deben apuntar hacia arriba.

- Inhale y eleve lentamente las pesas en un movimiento vertical; júntelas de manera que los codos se ajusten y sus brazos apunten hacia arriba. Sentirá una contracción en el pecho cuando realiza el movimiento.

- Regrese las pesas y repita el movimiento sin forzar los músculos. Cuando haya terminado el número de repeticiones, dirija sus brazos a los lados y relájese.

- En ambos movimientos, todo el peso está centrado en los hombros y la espalda superior. Por seguridad, si llega a sentir tensión en la espalda, intente realizar el ejercicio con sus rodillas levantadas y los pies con las plantas sobre el suelo.

| exhale | ▶ | inhale | ▶ | exhale | ▶ | respire normalmente | ■ |

principiantes

remo con mancuerna en un brazo

Este ejercicio trabaja principalmente los músculos dorsales pero también ejercita los bíceps y los músculos de la parte posterior del hombro. Con el fin de aislar los dorsales, es esencial adoptar la postura correcta mientras se realiza el ejercicio.

- Coloque el pie izquierdo unos 60 cm atrás. Sitúe la mano derecha justo por encima de la rodilla flexionada e inclínese hacia adelante. Así sostendrá el peso del cuerpo y mantendrá el equilibrio.

- Conserve recta la espalda, los hombros y la cadera nivelados y derechos. Permita que el peso de la mancuerna coloque su brazo en posición. Ahora suba el codo y lleve la pesa hacia arriba, al pecho.

- Suba la pesa hasta alinear el codo con el hombro. Sentirá una contracción en el bíceps y en el dorsal. Mantenga nivelados los hombros y no gire el cuerpo mientras realiza el levantamiento, pues actuará sobre un grupo muscular diferente.

| inhale | comience a exhalar | exhale |

remo con mancuerna en un brazo | 29

● Baje la mancuerna a la posición inicial, manteniendo derechos cadera y hombros. Repita el movimiento sin forzarse.

● Ahora cambie la pesa a la otra mano. Coloque la pierna derecha atrás y ponga la mano izquierda sobre la rodilla izquierda, la cual está flexionada. El peso de la mancuerna colocará su brazo en posición. Suba la pesa hacia su pecho.

● Levante la mancuerna hasta que el codo quede en línea con el hombro. Sentirá una contracción en dorsal. Recuerde conservar recta su espalda y nivelados cadera y hombros.

● Ahora baje la mancuerna y repita el ejercicio sin forzarse. Una vez que haya finalizado, regrese a la posición de pie, erguido, con la espalda recta, los pies separados a la distancia de los hombros y sus manos a los lados.

||　　　　inhale　　　▶　　　exhale　　　▶　　　respire normalmente

intermedios

retracción del hombro y elevación inversa

La retracción del hombro trabaja los músculos de la espalda superior y de la parte posterior del hombro (romboide y deltoides posterior), mientras que la elevación inversa ejercita el deltoides posterior y el tríceps.

- Dé un paso de 60 cm hacia atrás con un pie. Mantenga recta su espalda y nivelados los hombros y cadera. Flexione desde la cintura. Permita que las mancuernas coloquen sus brazos en posición.

- Realice la retracción de hombro. Para comenzar retraiga los hombros, conserve estable y firme el tronco: todo el movimiento debe realizarse en hombros y brazos. Mantenga recta la espalda y derechos los hombros y la cadera.

- Ahora dirija ambas manos hacia arriba, en dirección al pecho, subiendo los codos hasta formar un ángulo de 90 grados. Mantenga la posición brevemente antes de bajar las mancuernas. Repita el ejercicio sin forzar los músculos.

inhale ▶ exhale ▶ inhale

retracción del hombro y elevación inversa | 31

- Prepárese para realizar la elevación inversa. Conserve la misma posición de las piernas. Permita que el peso de las mancuernas coloque sus brazos en posición, con las manos suspendidas cerca de las rodillas.

- Ahora suba lentamente los brazos hacia afuera y a los lados. Mantenga las palmas hacia abajo. Lleve las mancuernas hacia afuera hasta que queden en línea con su pecho, conserve alineadas las manos.

- Sentirá una contracción en los hombros y en los músculos romboides, en medio de los omoplatos. Levante sólo hasta donde le resulte cómodo. Mantenga brevemente esta posición y repita el levantamiento sin forzar los músculos.

- Ahora regrese a la posición inicial. Debe quedar erguido con las mancuernas descansando a los lados y los pies alineados con los hombros.

inhale ▶ **comience a exhalar** ▶ **exhale** ▶ **respire normalmente**

intermedios

elevaciones anterior y lateral

Esta secuencia consta de dos ejercicios que trabajan los músculos deltoides anterior y medio, en los hombros. El músculo trapecio en la espalda superior y el cuello realizan una función estabilizadora.

● Comience, exhale y eleve poco a poco su brazo izquierdo, hasta formar un ángulo de 90 grados con el hombro, y el codo relajado. No lleve el cuerpo atrás mientras levanta la pesa: concentre todo el movimiento en el hombro.

● Mientras sube el brazo, gire lentamente la muñeca 90 grados, de manera que su palma quede hacia abajo, para rotar la mancuerna. Sostenga la posición por un segundo. Baje la mancuerna a la posición de descanso. Repita la elevación sin forzarse.

● Para realizar el levantamiento lateral, lleve las mancuernas al frente, de manera que los codos se flexionen 90 grados y las palmas de sus manos queden enfrentadas. Realice el levantamiento desde los hombros, no eleve sólo las manos.

| inhale | empiece a exhalar ▶ | exhale | ❚❚ inhale ▶ |

elevaciones anterior y lateral | 33

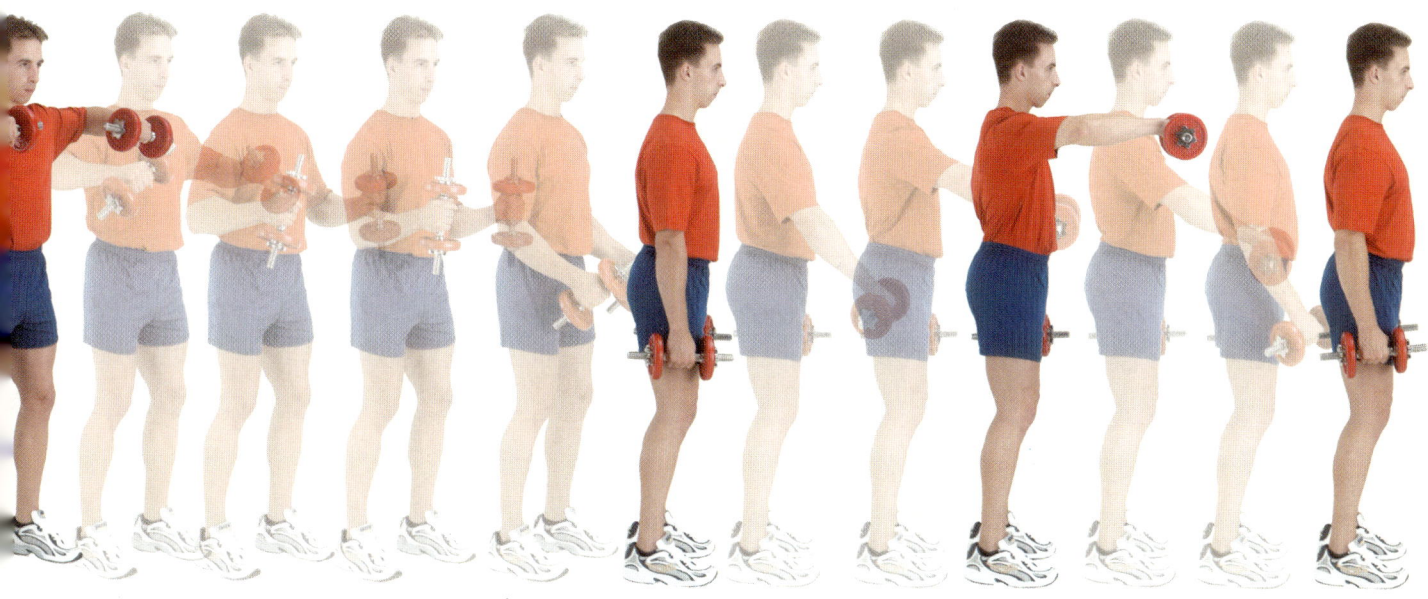

● Desde la posición inicial, levante las pesas. Eleve sus codos a los lados mientras apunta con sus antebrazos hacia el frente. Elévelos a la altura del hombro hasta que los brazos queden paralelos al piso.

● Las manos deben estar a la misma altura de los codos para lograr la elevación total. Sostenga la posición brevemente. Ahora baje las pesas y repita el levantamiento lateral. Recuerde que debe mantener alineados sus codos todo el tiempo.

● Ahora realice una elevación lateral con su brazo derecho. Exhale y levántelo, formando un ángulo de 90 grados desde el hombro. Recuerde que no debe encorvar la parte posterior del cuerpo mientras sube la pesa.

● Ahora baje la mancuerna a la posición de descanso. Repita la elevación con el otro brazo, sin forzarse.

| comience a exhalar | ▶ | exhale | ‖ | exhale | ▶ | inhale | ■ |

principiantes

encogimiento de hombros y remo vertical

Estos dos movimientos trabajan el músculo trapecio, en la espalda superior y el cuello; y en menor medida, los músculos deltoides, en los hombros. Durante esta secuencia, es importante sostener una postura firme y mantener relajadas las rodillas para conservar el equilibrio.

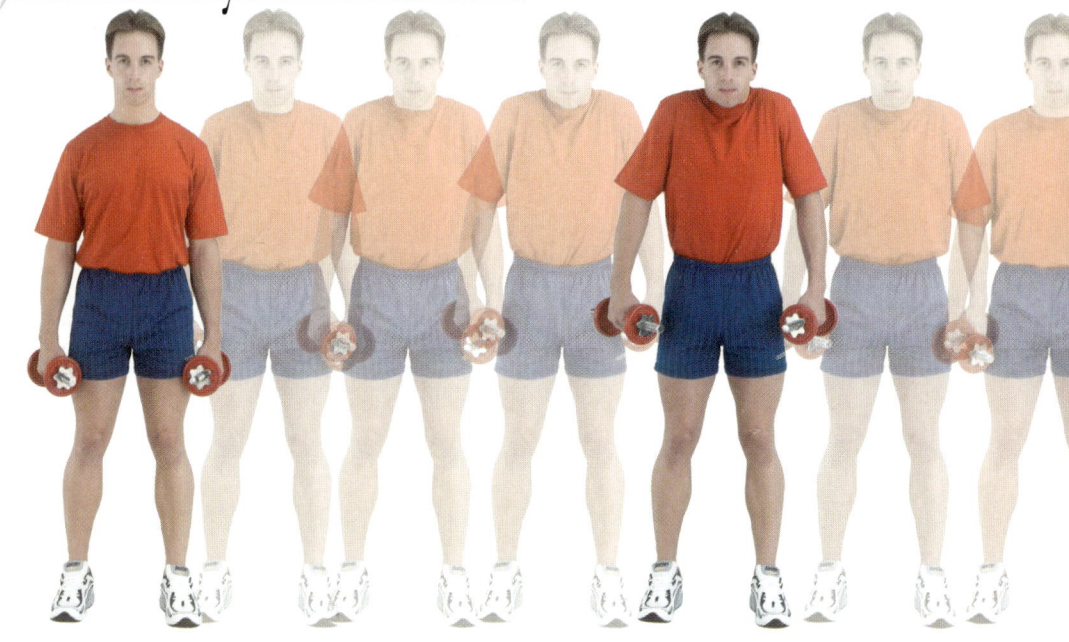

- Sostenga las pesas a los lados, dejando que la gravedad las coloque en posición. Mire hacia adelante, con la cabeza erguida. Exhale y encoja ambos hombros, levantándolos hacia sus orejas.

- Eleve los hombros pero no los rote, conserve esta posición por un segundo. Ahora inhale y suelte los hombros. Regrese a la posición inicial. Repita el ejercicio sin forzar sus músculos.

- Lleve los hombros de regreso a una posición de descanso normal y relájese. Desde la misma posición, se puede realizar el remo vertical.

■ comience a exhalar ▶ exhale ❚❚ inhale ▶

encogimiento de hombros y remo vertical | 35

● Para iniciar, mueva los codos a los lados hacia arriba y hacia afuera. Las pesas deben permanecer por debajo del nivel de los codos: permita que el cuerpo lo guíe. Eleve los codos tanto como pueda, pero mantenga hacia abajo las manos.

● Evite extender en exceso la columna inclinándose hacia atrás: conserve recta la espalda y relajado el cuerpo. Todo el movimiento debe realizarse en hombros y cuello. Sostenga esta posición por un segundo.

● Baje las mancuernas de regreso a la posición inicial, con los nudillos apuntando hacia abajo durante todo el movimiento. Repita la elevación sin forzar los músculos.

● Ahora dirija las mancuernas de regreso a los lados. Descanse sus hombros y respire profundamente para relajarse.

empiece a exhalar ▶ exhale ‖ inhale ▶ exhale ■

principiantes

flexión de recogimiento con martillo

Estos ejercicios trabajan los músculos bíceps y braquiorradiales, en la parte inferior del brazo. La flexión de recogimiento hará más prominentes los bíceps, mientras que la flexión de martillo engrosará el músculo.

● La flexión de recogimiento está diseñada para aislar y trabajar los bíceps. Siéntese en una silla, con los pies separados 60 cm uno del otro. Inclínese hacia adelante desde la cintura. Mantenga recta la espalda y derechos los hombros.

● Sostenga la pesa con la mano derecha, apoye el tríceps en la parte interna del muslo, de manera que éste actúe como punto de apoyo. Ponga la otra mano sobre la rodilla izquierda para soportar el cuerpo.

● Sostenga la mancuerna con la palma hacia abajo y levántela lentamente. Flexione el codo y contraiga el bíceps. Asegúrese de que el tríceps continúe presionando la parte interna del muslo: no incline el cuerpo hacia atrás para ayudar a subir la pesa.

● Ahora baje la mancuerna a la posición inicial. Sentirá un estiramiento en el bíceps. Repita el ejercicio sin forzarse. Cambie la mancuerna a la mano izquierda y realice el levantamiento al otro lado.

▪ comience a inhalar ▶ inhale ▶ exhale ‖ inhale ▶

flexión de recogimiento con martillo | 37

- Para realizar la flexión de martillo, utilice la misma posición inicial. Sostenga la mancuerna con la mano izquierda. Siéntese en la silla e inclínese hacia adelante, con la espalda recta y los hombros nivelados.

- Presione el tríceps contra el muslo interno. Rote la muñeca para que los nudillos queden en línea con el antebrazo y las palmas apunten hacia adentro. Sostener la mancuerna en este ángulo le permitirá contraer el braquiorradial para engrosar el bíceps.

- Eleve el brazo. Flexione el codo y lleve la pesa arriba, de manera que el extremo de ésta apunte hacia el hombro. Presione con firmeza el tríceps contra el muslo, así el músculo braquiorradial del antebrazo se hará más prominente.

- Baje la mancuerna y regrese a la posición inicial. Repita el ejercicio sin forzarse. Ahora realice el levantamiento con el otro brazo.

|| inhale ▶ empiece a exhalar ▶ exhale ▶ inhale ||

principiantes

extensión de tríceps con flexión de bíceps, de pie

Estos dos ejercicios trabajan tríceps y bíceps. La extensión de tríceps es un ejercicio difícil y se debe realizar solamente después de practicar bastantes ejercicios básicos para aumentar la coordinación.

● Prepárese para la extensión de tríceps: ponga el pie derecho atrás para adoptar una posición baja, inclínese hacia adelante y repose la mano sobre la rodilla flexionada, para obtener estabilidad. Conserve recta la espalda y derechos los hombros.

● Suba el codo derecho. Mantega la parte superior del brazo rígida pero el antebrazo suelto. La parte superior debe permanecer estable durante todo el ejercicio. Ahora ya puede realizar la extensión de tríceps.

● Levante el antebrazo desde el codo, para extender el brazo totalmente y ajustar el codo. No gire o rote el cuerpo al elevar el brazo. Ahora baje el brazo y regrese a la posición de pie, erguido, con los pies separados.

comience a inhalar ▶ inhale ▶ exhale

extensión de tríceps con flexión de bíceps, de pie | 39

● En preparación para la flexión de bíceps, contraiga los músculos tríceps y el dorsal para obtener estabilidad. Esto asegurará que el movimiento se concentre en el bíceps. No presione los codos a los lados, ya que reducirá la efectividad.

● Exhale y levante lentamente la mancuerna hacia el hombro. Deténgase cuando el bíceps se encuentre flexionado por completo. No intente elevar más, pues provocará un movimiento del codo y se empezarán a contraer los hombros.

● Inhale y baje la mancuerna de regreso a la posición inicial. Repita las flexiones sin forzarse. Ahora dirija su pie derecho hacia adelante, en preparación para la extensión de tríceps con el brazo izquierdo.

● Realice la extensión de tríceps con el brazo izquierdo, sin forzar el músculo. Repita la flexión de bíceps con el brazo izquierdo. Una vez que haya finalizado, regrese a la posición de pie, erguido, y relájese.

inhale ▶ **exhale** ▶ **inhale** ⏸ **inhale** ▶ **exhale** ■

intermedios

empuje francés y elevación sobre la cabeza

Ésta es una secuencia más difícil, que trabaja los músculos tríceps y el dorsal. El empuje francés puede realizarse primero con un brazo y después con el otro, o con ambos al mismo tiempo.

- Acuéstese boca arriba con las piernas extendidas y los pies separados. Suba las mancuernas sobre el pecho, extendiendo los brazos por completo, con los codos relajados. Ahora puede comenzar a realizar el empuje francés.

- Doble el codo y baje la mancuerna derecha hacia la cabeza para dejar el antebrazo paralelo al piso. Trate de doblar el brazo a 90 grados, por el codo.

- Eleve la mancuerna de regreso a la posición inicial. Sentirá presión en el tríceps derecho. La parte superior del brazo debe permanecer estable durante todo el movimiento para aislar y trabajar el tríceps.

- Ahora realice el ejercicio con el otro brazo. Repita el levantamiento con ambos brazos. Recuerde no forzar los tríceps. Los practicantes avanzados pueden utilizar ambos brazos simultáneamente.

▪ inhale ▶ exhale ▶ inhale ▶ exhale

empuje francés y elevación sobre la cabeza | 41

- Regrese ambas mancuernas a la posición inicial, levantadas sobre el pecho y los brazos extendidos totalmente. En esta posición, baje ambas mancuernas por detrás de su cabeza. Ahora puede realizar la elevación sobre la cabeza.

- Flexione desde los hombros y suba las mancuernas sobre su cabeza. Mantenga totalmente extendidos los brazos durante todo el movimiento. Levante las mancuernas hasta regresar a la posición de inicio.

- Sentirá una contracción en los músculos dorsales y tríceps. Repita cualquiera de los dos ejercicios para enfocarse en un músculo específico.

- Cuando haya completado el número de repeticiones necesario, baje las mancuernas a los lados, respire a fondo y relájese.

inhale ▶ exhale ▶ inhale ▶ exhale

ejercicios con balón

intermedios

cuclillas con balón y una pierna

cuádriceps y glúteo mayor

Este ejercicio aumenta su estabilidad central. Trabaja los músculos cuádriceps en la parte anterior del muslo y los glúteos en las nalgas.

- Para prepararse, atrape el balón entre la parte baja de su espalda y una pared. Flexione un poco las rodillas y relaje los brazos.

- Baje despacio su cuerpo, doblando las rodillas a 90 grados. Ruede su cuerpo por el balón. Al final, presione el balón entre sus omoplatos. Sus nalgas deben quedar ligeramente debajo del balón.

- Para aumentar la resistencia al máximo, presione con firmeza el balón con el cuerpo. Ahora levántese de regreso a la posición inicial. Durante el movimiento, sentirá una contracción en los cuádriceps.

exhale ▶ inhale ▶ exhale ❙❙

cuclillas con balón y una pierna | 45

- Regrese a la posición inicial. Para el movimiento avanzado de pierna sencilla, inclínese sobre una pierna y deje un pie en reposo para conservar el equilibrio. La pierna de soporte no debe recibir el peso, sino mantener la posición.

- Inhale y baje despacio. Una vez que haya descendido totalmente, su rodilla derecha debe permanecer alineada con el pie sin sobrepasar los dedos de éste. La espalda debe rodar por el balón. Equilíbrese con el brazo izquierdo.

- Exhale al levantarse a la posición inicial. Sienta la presión en el cuádriceps mientras desciende y en los glúteos cuando se eleva. Mantenga derecha la cadera para evitar que su cuerpo rote sobre el balón. Repita el ejercicio sin forzarse.

- Ahora realice el ejercicio con la otra pierna. En un nivel más avanzado, puede sostener mancuernas para aumentar el peso. Si desea tonificar la parte interna de los muslos, realice las cuclillas con los pies más separados.

comience a inhalar ▶ inhale ▶ exhale ▶

avanzados

flexión de rodilla boca arriba y con una pierna

Éste es un ejercicio avanzado que trabaja los flexores de la rodilla y los glúteos, en las nalgas. Para esta rutina, su torso y abdomen deben estar fuertes, a fin de que actúen como músculos estabilizadores.

- Para prepararse, acuéstese boca arriba con las manos extendidas y los dedos separados para dar soporte. Con las rodillas flexionadas, ubique las plantas de los pies sobre el balón.

- Ahora extienda las piernas para ajustar las rodillas, de manera que los talones descansen en el balón. Tense los glúteos. El cuerpo debe estar recto y rígido, desde la espalda baja hasta los talones. Comience la flexión de las rodillas.

- Lleve sus rodillas hacia su cabeza, rodando el balón bajo sus pies. Conserve rígidos la espalda baja, los glúteos y la cadera para mantener el equilibrio. También puede presionar sus brazos contra el piso.

- Termine de rodar cuando las plantas de los pies queden planas sobre el balón. Las rodillas deben formar un ángulo de 90 grados. Ahora ruede el balón y extienda totalmente las piernas para regresar a la posición inicial. Repita sin forzarse.

inhale ▶ exhale ▶ inhale

flexión de rodilla boca arriba y con una pierna | 47

● Para la variación con una sola pierna, sitúe el pie pasivo sobre la espinilla del activo. Todo el peso se concentra en una pierna. Éste es un ejercicio avanzado que sólo se debe realizar si se posee muy buena fuerza abdominal.

● Como en la versión con dos piernas, lleve la rodilla hacia la cabeza, mientras rueda el balón bajo su pie. Mantenga rígidos la espalda baja, los glúteos y la cadera. Empuje sus brazos contra el piso para mantener la presión.

● Regrese la pierna hasta que quede a 90 grados. Ruede el balón debajo del pie y extienda la pierna hasta llegar a la posición inicial. Para una postura efectiva, sostenga derecha la cadera durante el ejercicio.

● Repita el ejercicio sin forzarse, realice luego el movimiento con la otra pierna. Una vez que haya terminado las repeticiones, regrese sus piernas a la posición inicial y relájese.

inhale ▶ exhale ▶ inhale ▶ respire normalmente

principiantes

elevación de glúteos

Éste es un ejercicio para principiantes que trabaja y fortalece los glúteos. Es muy importante mantener su cadera en la postura correcta para realizar este ejercicio.

- Arrodíllese en el piso y coloque el balón frente al cuerpo. Agarre el balón con las manos e inclínese hacia adelante para descansar el pecho sobre el balón.

- Ruede el balón hasta situarlo bajo el abdomen. Las piernas deben quedar extendidas y apoyadas sobre los dedos de los pies. Presione las palmas de sus manos sobre el suelo para conservar el equilibrio.

- Para iniciar el ejercicio exhale y levante la pierna derecha. Manténgala extendida, llévela tan alto como le sea posible (esto dependerá de la flexibilidad individual: súbala sólo hasta donde se sienta cómodo).

- Mientras eleva la pierna, presione hacia abajo con las manos para ayudar a mantener el equilibrio y la estabilidad. Sentirá una contracción en el glúteo derecho. Sostenga brevemente la posición.

| inhale | comience a exhalar | exhale |

elevación de glúteos | 49

- Ahora inhale y baje la pierna a la posición inicial. Repita el ejercicio con la izquierda. Exhale y levante la pierna izquierda hasta donde sea posible. Manténgala extendida; conserve derecha y alineada la cadera.

- Al subir la pierna, trate de no levantarla muy lejos: la cadera no debe abandonar la superficie del balón; de otra manera, el cuerpo empezará a torcerse y forzará la espalda baja. Repita el levantamiento sin forzar los músculos.

- Ahora deje la posición y ruede el balón hasta su pecho para descansar las rodillas en el piso.

- Levante el cuerpo. Sepárese del balón y regrese a la posición de rodillas, erguido. Respire profundamente y relájese.

inhale || comienze a exhalar ▶ exhale ▶ inhale ▶ exhale ■

avanzados

flexor de cadera, acostado

Este ejercicio trabaja los músculos abdominales y flexores de la cadera y ejercita al máximo su estabilidad central. Aunque este ejercicio se concentra en la parte inferior del torso, requiere mucha fuerza en la parte superior del cuerpo para sostener la posición.

- Arrodíllese detrás del balón y agárrelo con firmeza por los lados. Inclínese hacia adelante y ruede el cuerpo sobre él. Muévase para llevar el balón debajo del abdomen.

- Ahora coloque las manos en el piso. Camine lentamente sobre las manos hasta que el balón quede debajo de los muslos. Manos y pies deben estar tan separados como necesite para mantener el equilibrio.

- Levante la cadera y nalgas y ruede el balón bajo las rodillas, mientras conserva recta la espalda y relajados los codos. Los hombros y brazos sostienen la posición del cuerpo. El movimiento debe provenir de las piernas y cadera.

- Continúe hasta que las piernas formen un ángulo de 90 grados y el balón esté debajo de sus espinillas. Muévase sólo hasta donde la espalda permanezca rígida; de otra manera, se arqueará y puede perder el equilibrio. Regrese a la posición inicial.

inhale ▶ exhale ▶ inhale

flexor de cadera, acostado | 5 |

- Puede hacer un movimiento más avanzado a partir de esta posición, si tiene la fuerza abdominal necesaria. Camine con los brazos hacia adelante, las piernas deben estar extendidas y el balón bajo las espinillas.

- Siga el movimiento; suba las nalgas y flexione la cadera. Recuerde que sólo debe doblar hasta el punto en el cual la espalda permanezca rígida.

- Flexione hasta cuando la parte superior de los pies descansen en el balón. Sentirá mucha presión en los abdominales y cadera. Sostenga brevemente y ruede de regreso para descansar sus rodillas en el piso.

- Repita ambas variaciones tantas veces como sea posible, sin forzar los músculos.

inhale ▶ **exhale** ▶ **inhale** ▶ **exhale**

principiantes

levantamiento de pantorrilla, de pie

Este ejercicio trabaja los músculos de la pantorrilla. El balón proporciona compresión y fricción adicional para aumentar la resistencia. Requerirá un peldaño o una plataforma baja cerca de la pared para poder realizar esta rutina.

- Para prepararse, párese de espaldas a la pared, con el balón ubicado en la región baja de la espalda. Sitúe los pies en una plataforma de cerca de 5 cm de altura.

- Exhale y levántese lentamente sobre las puntas de los pies. Deslice el cuerpo sobre el balón hacia arriba. Para aumentar la resistencia, recuerde presionar la espalda contra el balón durante todo el ejercicio.

- Al elevarse desde las pantorrillas levante también los brazos con las palmas hacia abajo. Esto le ayudará a mantener el equilibrio. Ajuste las rodillas todo el tiempo.

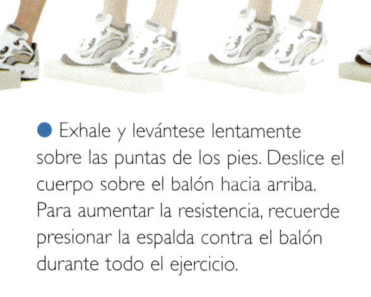

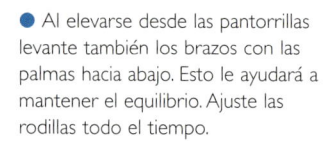

- Ahora inhale y descienda con suavidad a la posición inicial. Note que sólo un pequeño movimiento es necesario para ejercitar las pantorrillas, y que el balón no ruede mucho. Repita el ejercicio sin forzarse.

comience a exhalar ▶ exhale ▶ inhale

levantamiento de pantorrilla, de pie | 53

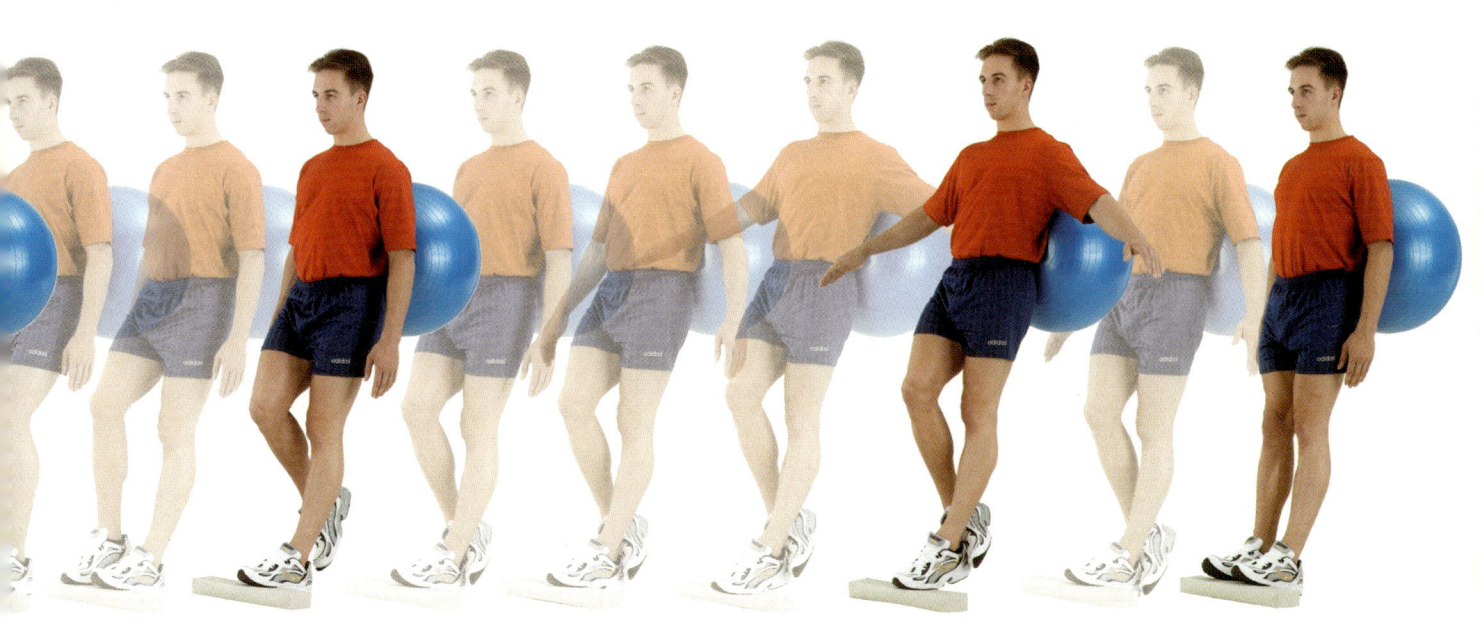

- Para la variación con una sola pierna, sitúe el pie pasivo detrás del talón activo, pero sin tocar el piso. Todo el peso debe estar sobre el pie que trabaja.

- Exhale y suba lentamente sobre la punta del pie. Deslice el cuerpo sobre el balón hacia arriba. Conserve la rodilla ajustada todo el tiempo para centrar la presión en los músculos de la pantorrilla.

- Ahora inhale y regrese suavemente a la posición inicial. Repita el levantamiento de la pantorrilla sin forzar el músculo. Realice ahora el levantamiento con la otra pierna.

- Una vez que haya terminado las repeticiones, sitúe los talones en el suelo y lleve los brazos a los lados. Relájese y respire a fondo.

inhale ▶ exhale ▶ inhale ▶ exhale ■

intermedios

flexiones de pecho y estabilidad
pectorales, tríceps y deltoides

Esta rutina trabaja los músculos de pecho, hombros y tríceps. Se requiere mucha fuerza en el torso para estabilizar el cuerpo. Los principiantes deben intentar sólo la versión de rodillas.

- Arrodíllese detrás del balón. Sitúe las manos al frente del balón y agarre las protuberancias para no forzar las muñecas. Los dedos de los pies deben tocar el piso y ayudar a mantener el equilibrio.

- Ahora inclínese hacia adelante dejando que los brazos reciban el peso de la parte superior del cuerpo, con el pecho descansando sobre el balón. Es importante que su torso permanezca rígido todo el tiempo.

- Empiece el ejercicio. Exhale y levántese del balón; conserve rígido el cuerpo y flexione las rodillas. Todo el movimiento debe estar concentrado en los tríceps y el pecho, en donde sentirá la presión.

- Ahora baje hacia el balón. Repita estos movimientos hasta que se canse. Recuerde que debe bajar todo su cuerpo desde la cintura hacia arriba, no sólo el pecho y los hombros.

inhale ▶ exhale ▶ inhale ‖

flexiones de pecho y estabilidad | 55

● Si tiene fuerza suficiente en el torso y los brazos, intente la versión avanzada. Extienda las piernas y apoye los dedos de los pies. Ponga rígido el cuerpo. Agarre el balón y descanse el pecho en él.

● Ahora realice los levantamientos y descensos, sosteniendo rígido el cuerpo todo el tiempo. El movimiento debe concentrarse en los tríceps y el pecho, en donde sentirá bastante presión.

● Recuerde exhalar a medida que sube e inhalar mientras desciende. Repita las flexiones tantas veces como pueda, sin forzar espalda, abdomen o brazos.

● Ahora regrese las rodillas al piso, eleve el cuerpo para quedar de rodillas y erguido. Relájese.

inhale ▶ exhale ▶ inhale ▶ exhale

avanzados

presión hacia abajo y estabilidad

Este ejercicio trabaja los músculos de la espalda y el pecho: dorsales y pectorales. Existen dos versiones, una para principiantes y otra para avanzados. Sólo aquellos con suficiente fuerza en el torso deben intentar la rutina avanzada.

- Para prepararse, arrodíllese detrás del balón. Las manos al frente y agarre las protuberancias para no forzar las muñecas. Sus manos deben estar separadas uniformemente para mantener el equilibrio.

- Inhale y baje despacio el cuerpo, haciendo rodar el balón bajo sus manos, muñecas y antebrazos, en un movimiento suave y firme. Mantenga la espalda rígida a medida que se mueve.

- Las piernas deben estar relajadas y dar soporte desde las rodillas. Extiéndase tan lejos como pueda, sin caerse. Con el máximo estiramiento, las nalgas deben permanecer en línea con la espalda. Sentirá una contracción en los dorsales.

- Recuerde rodar sólo hasta donde se sienta cómodo: si los músculos abdominales o de la espalda baja empiezan a forzarse, interrumpa el ejercicio. Ahora exhale y ruede de regreso a la posición inicial.

| comience a inhalar | inhale | exhale |

presión hacia abajo y estabilidad | 57

- Realice ahora la variación avanzada. Ruede el balón hacia adelante hasta quedar apoyado sobre los dedos de los pies, con el resto del cuerpo rígido. Conserve recta la espalda, pero no en una línea perfecta con las piernas, ya que esto forzará mucho su cuerpo.

- Deslice el cuerpo hasta quedar extendido y apoyado en los dedos de los pies. Descanse los codos sobre el balón. Junte las manos para tener más firmeza. Sostenga brevemente esta posición.

- Regrese a la posición inicial. Deslice el cuerpo hacia atrás y empújelo lejos del balón para extender los brazos. Separe las manos y descanse las palmas sobre el balón.

- Doble las rodillas, bájelas al suelo y enderece el cuerpo. Relaje los músculos y respire profundamente.

inhale ▶ **inhale** ▶ **exhale** ▶ **respire normalmente**

avanzados

descensos y estabilidad
tríceps y deltoides anterior

Éste es un ejercicio avanzado que desarrolla su estabilidad central y trabaja tríceps, hombros y deltoides anterior.

- Siéntese erguido en el centro del balón, con los pies sobre el piso. Agarre el balón por los lados. Las manos deben estar separadas uniformemente para mantener el equilibrio y evitar que el balón se salga de posición.

- Comience el ejercicio. Desplácese lentamente hacia adelante. Baje sin tocar el balón. Todo el movimiento debe concentrarse en las articulaciones de los codos: el torso y la cadera deben permanecer tensos y alineados.

- Baje el cuerpo hasta que la parte superior de los brazos quede paralela al suelo. Empuje ahora para subir; conserve el equilibrio. En este punto, sentirá el máximo esfuerzo en tríceps y hombros.

- Continúe haciendo presión mientras mantiene el equilibrio y conserva el torso recto. Todo el movimiento está en los codos. Regrese a la posición inicial, sentado en el balón.

▶ inhale ▶ exhale ▶ inhale

descensos y estabilidad | 59

- El segundo movimiento es sólo para aquellos con suficiente fuerza en la parte superior del cuerpo. Siéntese en el balón un poco más hacia adelante y agárrelo atrás de su cadera; apoye el cuerpo sobre los talones. Ajuste las rodillas para equilibrarse.

- Ahora baje de nuevo. Conserve recto el cuerpo y sostenga el peso en los brazos. Este ejercicio aplicará una fuerza adicional en tríceps y hombros. Baje sólo hasta donde se sienta cómodo.

- Ahora levante el cuerpo con los brazos. Extienda por completo los brazos y sosténgase con los codos ajustados. Baje suavemente y regrese a la posición inicial.

- Repita los descensos tantas veces como pueda sin forzar los músculos. Después siéntese erguido sobre el balón y relaje los músculos.

inhale ▶ inhale ▶ exhale ▶ ■

intermedios

levantamiento de la espalda baja y cuadrado lumbar

Éste es un ejercicio difícil que trabajará su estabilidad central. No lo intente si ha sufrido una lesión reciente de la espalda baja.

- Para prepararse, arrodíllese detrás del balón. Agarre las protuberancias a fin de evitar la presión sobre las muñecas. Inclínese hacia el balón con las rodillas sobre el piso.

- Camine sobre las manos hacia adelante hasta que el abdomen descanse sobre la parte superior del balón y los muslos lo presionen por el lado. Las rodillas deben estar sobre el suelo a fin de proporcionar estabilidad para el ejercicio.

- Inicie el ejercicio. Sitúe las manos contra su frente. Ellas sostendrán la cabeza para no forzar los músculos del cuello, los cuales deben permanecer relajados todo el tiempo.

- Exhale y suba despacio la parte superior del cuerpo, desde el abdomen. Levántelo tanto como le sea posible sin forzarse. Presione desde los pies para elevarse y mantener la tensión. Sentirá un estiramiento en la espalda inferior.

inhale ▶ exhale ▶

levantamiento de la espalda baja | 61

- Ahora inhale y baje su torso de regreso a la posición inicial. Recuerde conservar relajado el cuello todo el tiempo. Repita el movimiento tantas veces como le sea posible, sin forzar los músculos.

- Prepárese para la variación más difícil. Extienda las piernas atrás para separar sus rodillas del piso. Apóyese en los dedos de los pies, con el abdomen sobre el balón.

- Exhale y repita el movimiento, levante la parte superior de su cuerpo tanto como pueda. No permita que los pies se separen del suelo; esto evita perder el equilibrio.

- Ahora inhale y vuelva a la posición inicial. Eleve el cuerpo; aléjese del balón y regrese a la posición de rodillas. Yérgase, relaje los músculos y respire profundamente.

inhale　　**comience a exhalar**　　**exhale**　　**inhale**

avanzados

flexión abdominal sobre el balón

Éste ejercicio avanzado es un buen entrenamiento para los músculos abdominales. El uso del balón para estos movimientos proporciona estabilidad adicional, al tiempo que reduce el riesgo de una lesión del abdomen.

- El balón para ejercicios es una herramienta excelente para realizar flexiones abdominales, pues permite bajar el cuerpo por debajo de la línea media y proporciona un soporte sólido y flexible para un trabajo abdominal extremo.

- Empiece el movimiento sentado en el balón, con las manos descansando a los lados. Deslice el cuerpo despacio, con la ayuda de los pies, hasta que la espalda baja quede sobre el balón.

- Presione los pies contra el piso, con las rodillas ajustadas para obtener estabilidad y equilibrio. Coloque las manos detrás de la cabeza como soporte para el cuello.

- Suba la parte superior del cuerpo. Flexione desde el abdomen. Trate de no tensar los músculos del cuello: todo el movimiento debe provenir del área del estómago y sólo deben trabajar los músculos abdominales.

| | inhale | comience a exhalar | exhale |

flexión abdominal sobre el balón | 63

● Sostenga brevemente esta posición, tratando de no tensar los músculos del cuello. Recuerde que debe mantener nivelados los muslos y ajustadas las rodillas durante todo el ejercicio a fin de tener un soporte sólido para el movimiento.

● Ahora baje el cuerpo y la cabeza hacia el piso, hasta donde se sienta cómodo. Este movimiento contrario ayuda a estirar los músculos abdominales en dirección opuesta y a liberar la tensión muscular.

● Permita que la gravedad baje el cuerpo tanto como sea posible, sin perder el equilibrio. Esto le permitirá comenzar desde una posición más baja y difícil al repetir la flexión abdominal.

● Repita las flexiones tantas veces como sea posible. Al terminar, levántese y siéntese erguido sobre el balón. Relaje los músculos y respire profundamente. Puede aumentar la intensidad colocando el cuerpo más atrás sobre el balón.

| empiece a inhalar | ▶ | inhale | ▶ | exhale | ▶ | respire normalmente | ■ |

estabilidad central

avanzados

posición firme con balón

Éste es un ejercicio avanzado que aumenta su estabilidad central y trabaja los músculos internos alrededor del torso: transverso abdominal, recto abdominal y oblicuos interno y externo.

- En este movimiento estático son cruciales el equilibrio y la posición correcta. El ejercicio requiere de respiración constante, ya que la posición se sostiene por casi un minuto. Comience de rodillas detrás del balón y ponga las manos a cada lado.

- Para la posición inicial, ruede el balón hacia adelante con las manos, hasta que los antebrazos descansen sobre él. No extienda los brazos muy lejos, puesto que su espalda se arqueará. Permanezca con las rodillas firmes en el piso.

- Con la espalda recta y las rodillas firmes, lleve el cuerpo hacia la derecha. Sostenga la posición por el tiempo que le sea posible. Sentirá una contracción en los músculos alrededor del abdomen y a los lados del torso.

- Ahora lleve el cuerpo hacia la izquierda y sostenga la posición. Rote tanto como le sea posible. Mantenga el equilibrio. Los brazos y hombros no deben soportar el peso, pero sí proporcionar estabilidad. Deje la posición y relájese.

inhale y exhale | **inhale y exhale**

posición firme con balón | 67

- Para una versión más avanzada, levante las rodillas del piso y apóyese en los dedos de los pies con las piernas extendidas. Ubique los antebrazos sobre el balón. Sus piernas y espalda no deben formar una línea recta, ya que esto forzará la espalda.

- Ahora ruede hacia la derecha y la izquierda. Sostega cada posición por el tiempo que le sea posible, sin forzarse. Éste es un ejercicio muy difícil. Descubrirá que no puede sostener la posición el mismo tiempo que en la versión anterior.

- Realice ambas variaciones tantas veces como pueda, sin provocar esfuerzo en los músculos.

- Ahora deje la posición, baje las rodillas al piso y relaje los músculos. Levántese, retírese del balón y arrodíllese erguido.

inhale y exhale || inhale y exhale || inhale   ▶   exhale

intermedios

posición firme inversa con balón

Este ejercicio trabaja todos los músculos internos del torso y espalda baja: transverso abdominal, cuadrado lumbar, recto abdominal y oblicuos interno y externo.

- Así como la secuencia anterior (páginas 66-67), éste es un movimiento estático en el cual son esenciales el equilibrio y la estabilidad. Respire profundamente durante todo el ejercicio: esto le ayudará a sostener la posición de manera más efectiva.

- Prepare la posición inicial. Arrodíllese detrás del balón. Inclínese sobre éste y coloque las manos en el piso. Camine con ellas hacia adelante hasta que los muslos queden encima del balón. Asegúrese de que codos y hombros estén relajados.

- Para iniciar el ejercicio, deslice despacio los muslos hacia la derecha mientras mantiene el equilibrio. Permanezca con los pies separados y las manos presionadas con firmeza contra el suelo. Sostenga la posición.

- Ruede en sentido contrario y conserve la posición. Hágalo sólo hasta donde pueda, sin que su estabilidad se vea afectada. Mantenga recta la espalda todo el tiempo para evitar hundirse y forzar los músculos.

inhale y exhale   inhale y exhale

posición firme inversa con balón | 69

- La versión avanzada la deben intentar sólo aquellos que posean suficiente fuerza corporal. Camine en las manos hasta que las espinillas queden sobre el balón. Separe bien las piernas para una mejor estabilidad.

- Ahora lleve las espinillas hacia la derecha y luego a la izquierda. Conserve la espalda rígida y los codos y hombros ajustados todo el tiempo. Sostenga la posición cada vez después de rodar. Recuerde que no debe forzarse ni perder el equilibrio.

- Este movimiento hace que el cuerpo se fuerce mucho y requiere de gran fuerza, equilibrio y estabilidad.

- Deje la posición y relaje los músculos. Baje las rodillas al piso para descansar. Arrodíllese erguido y dirija las manos a los lados. Respire profundamente y relájese.

inhale y exhale ‖ **inhale y exhale** ‖ **inhale** ▶ **exhale** ■

intermedios

elevación y empuje del torso

Esta serie de ejercicios trabaja y fortalece todos los músculos internos del torso: transverso abdominal, cuadrado lumbar, recto abdominal, y los oblicuos interno y externo, así como los deltoides.

● Siéntese sobre el balón, con los pies en el piso y alineados con hombros. Con las dos manos, suba la mancuerna al frente. Aunque utilice los músculos de brazos y hombros, el balón dirige toda la tensión al torso y fuerza al cuerpo a estabilizarse.

● Eleve la mancuerna más o menos a la altura de la parte baja del pecho y sosténgala ahí por 30 segundos. Sentirá el torso apretado y tenso. Mantenga derecha la cadera sobre el balón para evitar arquear la espalda. Baje la pesa y relájese.

● Tome la mancuerna con la mano derecha, extienda el brazo hacia el lado y levántela despacio sobre su cabeza. El brazo izquierdo debe estar extendido al frente, con la palma hacia abajo. Sostenga por 30 segundos.

inhale ▶ exhale e inhale ▋▋ exhale e inhale ▋▋

elevación y empuje del torso | 71

● Baje el brazo y repita otro levantamiento de mancuerna con ambas manos. Recuerde que sólo debe subir los brazos a la altura de la parte baja del pecho. Sostenga por 30 segundos para contraer realmente los abdominales.

● Repita ahora el movimiento con el otro brazo, con la mancuerna en la mano izquierda levantada por encima de la cabeza y el brazo derecho extendido al frente. Sostenga esta posición por 30 segundos.

● Baje lentamente el brazo izquierdo y repita el levantamiento de mancuerna con dos manos. Permanezca con su espalda recta y las piernas firmes como apoyo. Mantenga la posición por 30 segundos.

● Ahora baje la mancuerna. Puede repetir los ejercicios tantas veces como le sea posible, para un buen entrenamiento de sus músculos internos.

exhale e inhale   exhale e inhale   exhale

intermedios

rotación del torso
oblicuos y abdominales

Así como el ejercicio anterior (páginas 70-71), éste fortalece todos los músculos internos del torso: transverso abdominal, cuadrado lumbar, recto abdominal y los oblicuos interno y externo. Gire el cuerpo mientras sostiene una mancuerna.

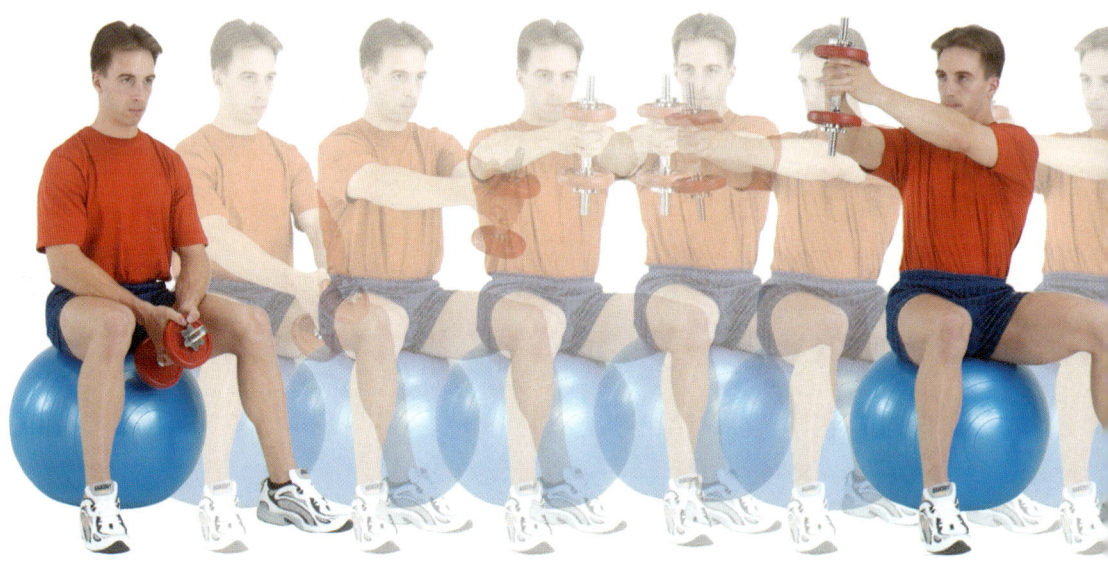

- Separe los pies aproximadamente a 35 cm uno del otro. Con las dos manos, suba lentamente la mancuerna y extienda los brazos. Haga el levantamiento con los brazos, sin inclinar el cuerpo hacia atrás, ya que esto desestabilizará la postura.

- Exhale y rote el cuerpo hacia la derecha tanto como pueda. La mancuerna debe permanecer en línea con el mentón. Conserve inmóviles las piernas, de manera que le proporcionen soporte.

- Gire el cuerpo, no sólo los brazos. Mientras gira, mueva la cabeza en dirección a la mancuerna. Su torso debe sentirse apretado y tenso.

▶ **inhale**   ▶ **exhale**   ▶ **inhale y exhale**   ▶

rotación del torso | 73

- No sostenga la posición pero inhale y lleve la mancuerna de regreso a la posición inicial. Recuerde que debe mantener derecha la cadera sobre el balón para evitar arquear la espalda.

- Ahora realice el ejercicio al otro lado. Recuerde que debe girar desde la cintura y conservar la mancuerna en línea con el mentón.

- A medida que va girando y levanta la mancuerna, asegúrese de realizar la elevación desde la espalda baja pero sin inclinarse hacia atrás. Esto trabajará los músculos de esa parte del cuerpo.

- Una vez que haya finalizado las repeticiones, baje la mancuerna con cuidado a la posición inicial y relájese.

inhale y exhale   inhale y exhale   inhale y exhale

ejercicios con cable

principiantes

elevación de glúteos y patada de rodilla

Esta secuencia trabaja la parte anterior y posterior de las piernas, glúteos y flexores de la rodilla. El ejercicio está dividido en dos partes: la primera, elevación de glúteos y la segunda, más enérgica, dando una patada hacia atrás.

● Sosténgase de la barra. Párese con los dos pies juntos y el tobillo izquierdo previamente atado al cable. Levante despacio esa pierna, extendida, sin arquear la espalda. Mantenga apretados los abdominales para que el cuerpo permanezca estable.

● Levante la pierna hacia atrás tan lejos como sea posible, sin rotar la cadera. Asegúrese de conservarla derecha durante la elevación. La otra pierna debe apuntar ligeramente hacia afuera, lo cual hará trabajar los glúteos.

● Ahora baje despacio la pierna a la posición inicial. Repita el movimiento y realice el ejercicio con la pierna derecha.

inhale y exhale ▶ exhale ▶ inhale ▶

elevación de glúteos y patada | 77

● Para variar con la patada hacia atrás, inclínese hacia adelante y equilibre el peso. Sosténgase de la barra. Levante la pierna izquierda hasta formar un ángulo de 90 grados con la otra. La rodilla derecha debe estar relajada.

● La pierna levantada se encuentra doblada. Ahora extiéndala hacia afuera en un movimiento de patada. Gire la cabeza en dirección de la pierna izquierda extendida, pero cuídese para no tensar los hombros.

● Extienda totalmente la pierna hasta alcanzar la altura de la cintura. No olvide que debe mantener derecha la cadera. No gire el cuerpo cuando realice el movimiento de patada.

● Regrese la pierna doblándola y patee de nuevo. No ponga la pierna en el piso: todas las repeticiones se deben realizar parado sobre una pierna. Realice el mismo ejercicio y las repeticiones con la pierna derecha.

exhale ▶ inhale exhale ▶ ❚❚

principiantes

aducción y abducción

Éstos son dos ejercicios fundamentales para trabajar los músculos aductores en la región interna y externa de los muslos. Para las dos variaciones, se requiere una correa para el tobillo.

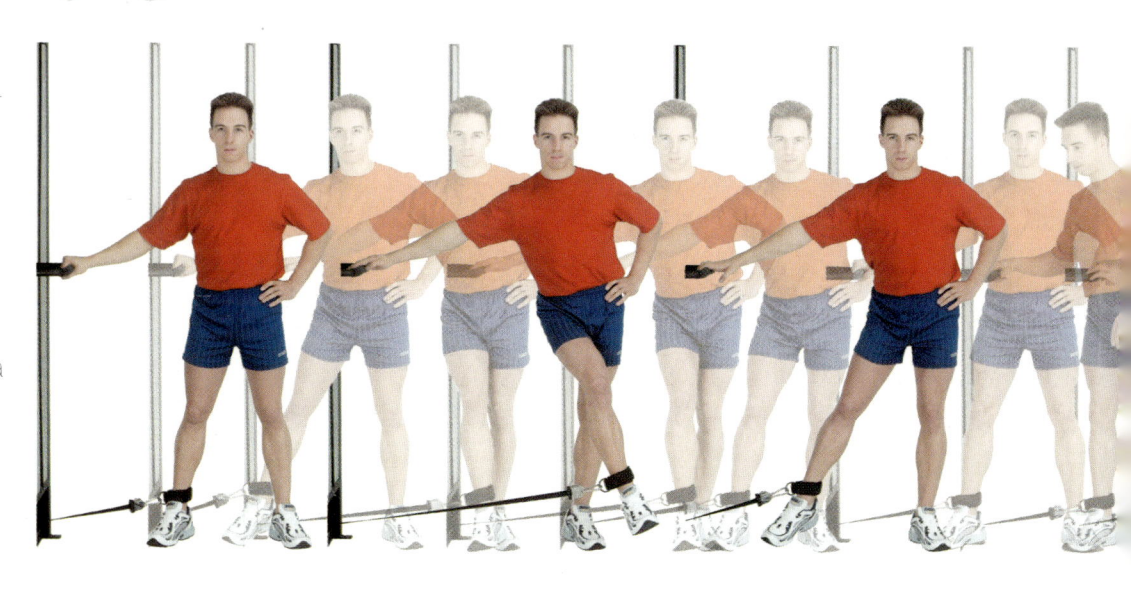

● Para prepararse, párese con los pies separados a 40 cm, lo suficientemente cerca del soporte vertical del cable como para sostenerse de la barra. Sitúe la otra mano en la cadera, para equilibrarse.

● Para la aducción, lleve lentamente el pie derecho hacia el centro. Atraviese la otra pierna, como si pasara un balón de fútbol con la parte interna del pie. Extienda la pierna derecha tan lejos como sea posible e inclínese ligeramente hacia la máquina.

● En lo posible conserve derecha la cadera. Sentirá una contracción en la parte interna del muslo. Ahora regrese despacio el pie a la posición inicial. Repita el movimiento y realice luego el ejercicio con la otra pierna.

inhale ▶ exhale ▶ inhale ▶

aducción y abducción | 79

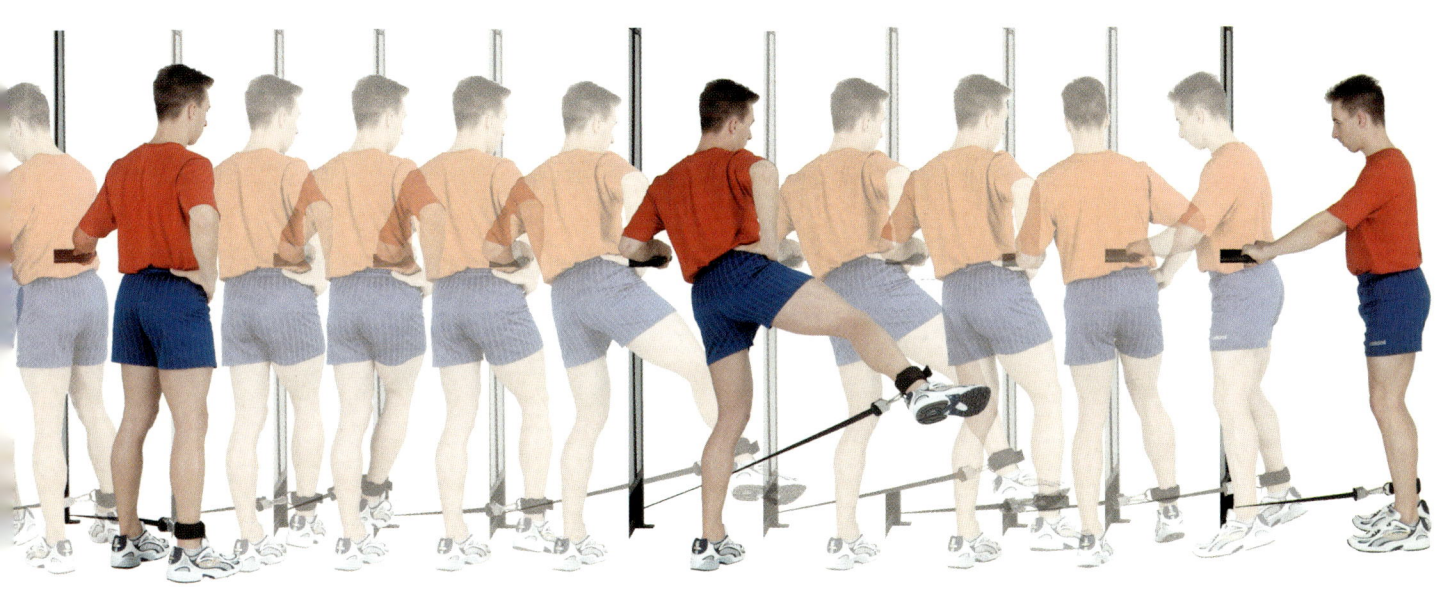

- Para la posición inicial en la abducción, tendrá que darse la vuelta, sostenerse de la barra con la mano izquierda y pasar el cable frente a la pierna izquierda. Sujete el cable y párese a una distancia del soporte vertical, de manera que éste quede tenso.

- Sosténgase de la barra en el soporte vertical para mantener el equilibrio, mientras que la otra mano descansa en la cadera. Inhale.

- Mueva gradualmente el pie hacia afuera para trabajar los músculos glúteos. Mantenga firme el otro pie y derecha la cadera. Permanezca erguido y trate de no inclinarse.

- Continúe levantando la pierna hasta que alcance aproximadamente los 45 grados con respecto a la otra. Sostenga brevemente y regrese después a la posición inicial. Repita el movimiento y realice el ejercicio con la otra pierna.

comience a inhalar ▸ inhale exhale ▸ ||

avanzados

cruce con cables
pectorales y deltoides

Este ejercicio trabaja y fortalece los músculos pectorales y el deltoides anterior (parte anterior de los hombros).

● Párese entre los soportes verticales de la máquina de cables, frente al centro. Dé un paso adelante con la pierna derecha. Inclínese para sostener el peso del cuerpo. Coja las manijas con las palmas hacia abajo. Extienda los brazos hacia afuera en ángulo recto.

● Para empezar, lleve un brazo hacia el otro. Asegúrese de que estos permanezcan más o menos alineados durante todo el movimiento. Recuerde conservar apretados los músculos abdominales para proporcionar soporte a la espalda baja.

● Continúe acercando los brazos hasta que las manos se crucen en el centro para realizar una contracción completa. Toda la resistencia proviene de atrás del cuerpo, de manera que se debe concentrar en empujar hacia adelante y abajo.

▶ inhale   ▶ comience a exhalar   ▶ exhale

cruce con cables | 81

● Una vez que los brazos se encuentren totalmente flexionados, sentirá una contracción en sus hombros y en su pecho, así como una leve contracción en los bíceps, los cuales actúan como músculos estabilizadores. Sostenga esta posición.

● Ahora dirija los brazos hacia arriba de nuevo. Mantenga los codos ligeramente doblados al realizar el movimiento y asegúrese de que el torso y las piernas permanecen inmóviles y le suministran apoyo.

● Lleve los brazos a la posición de inicio. Trate de no encoger los hombros mientras los mueve. Recuerde que debe colocar los brazos en un ángulo de 90 grados, a la altura del hombro, y no más lejos.

● Repita el ejercicio tantas veces como sea posible. Cuídese para no forzar los músculos de sus brazos y asegúrese de que el movimiento sea lento y controlado.

inhale ▶ exhale inhale ‖ ▶ ‖

avanzados

levantamiento con balón y cables

Como en el cruce con cables (páginas 80-81), este ejercicio trabaja los músculos pectorales y el deltoides anterior, en la parte frontal de los hombros. Se requiere un balón para ejercicios.

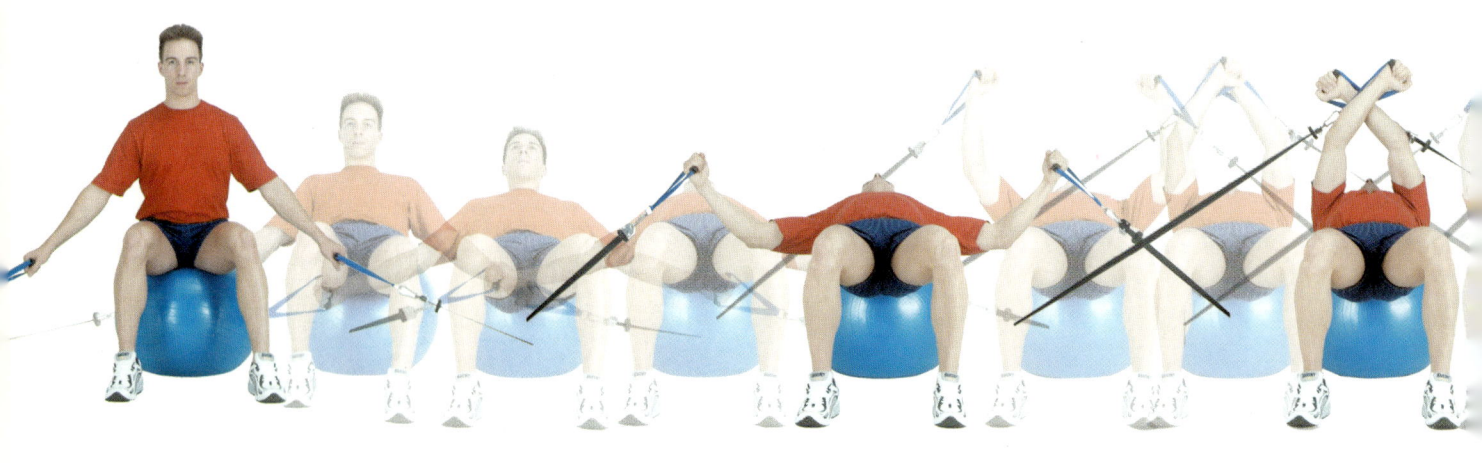

- Este ejercicio utiliza los cables de la polea inferior. Ubíquese en medio de las columnas de los cables, sentado sobre el balón. Sosténgalo por los lados. Ruede el balón debajo de su espalda, mientras camina con los pies hacia adelante.

- Siga rodando el balón hasta que quede acostado boca arriba, con la parte superior de la espalda, los hombros y la cabeza descansando sobre éste. Los pies deben estar plantados sobre el piso y las piernas dobladas en un ángulo de 90 grados.

- Los brazos deben estar extendidos pero relajados en los codos. Sostenga con las manos las manijas del cable, con las palmas hacia el techo.

- Lleve las manos hacia arriba, en dirección del techo. No levante la espalda mientras realiza este movimiento, el cual debe ejecutarse en los brazos y hombros.

| comience a inhalar ▶ | inhale ▶ | empiece a exhalar |

levantamiento con balón y cables | 83

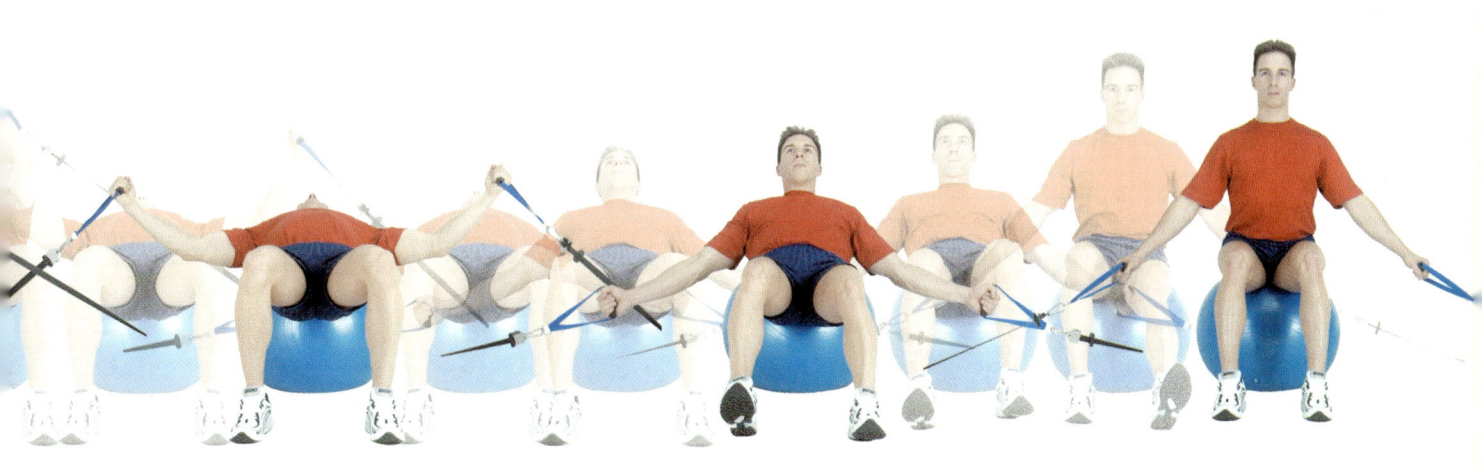

- Al lograr la flexión completa, sus brazos se deben cruzar por las muñecas. No se fuerce más.

- Sostenga la posición por un momento, luego comience a regresar sus brazos abajo, hacia el piso. Mantenga las rodillas dobladas y la espalda sobre el balón.

- Realice un movimiento suave y fluido a medida que regresa a la posición inicial. Ahora repita este ejercicio de brazos tantas veces como lo desee, mientras se sienta cómodo.

- Al finalizar, siga sosteniendo las manijas e inclínese gradualmente hacia adelante, hasta quedar sentado. Recuerde no forzar su cuello mientras se levanta.

exhale ▶ inhale exhale ▶ ‖

principiantes

levantamiento inverso
romboides y deltoides

Este ejercicio trabaja los músculos romboides, deltoides posterior y trapecio, en los hombros y la espalda superior. Es el ejercicio opuesto al cruce con cables (páginas 80-81), ya que el movimiento es hacia afuera y hacia arriba.

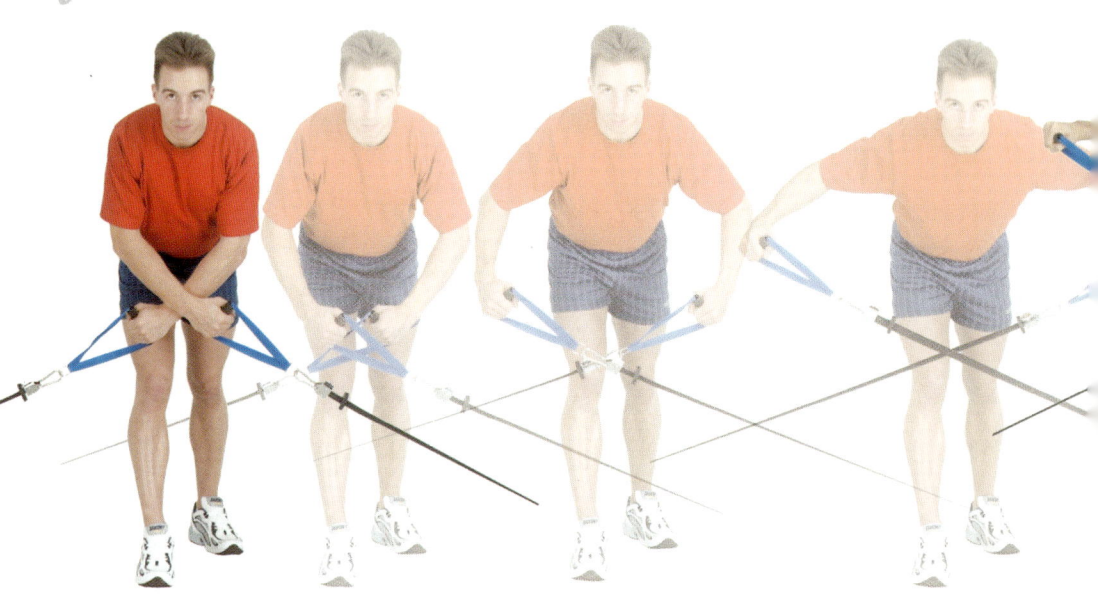

- Este ejercicio utiliza los cables de la polea inferior. Inicie de pie en medio de las dos columnas de los cables, en línea con ellas. Dé un paso adelante con la pierna derecha e inclínese hacia adelante para sostener el peso de su cuerpo.

- Ahora agarre las manijas de los cables cruzando las manos. Comience el ejercicio halándolos hacia afuera y arriba. Asegúrese de mantener los brazos más o menos alineados durante todo el movimiento.

- Continúe halando hasta que su pecho se expanda totalmente. Inclínese hacia adelante para lograr una contracción completa. Tenga cuidado para no encoger los hombros al subir los brazos.

| | inhale | empiece a exhalar | exhale |

levantamiento inverso | 85

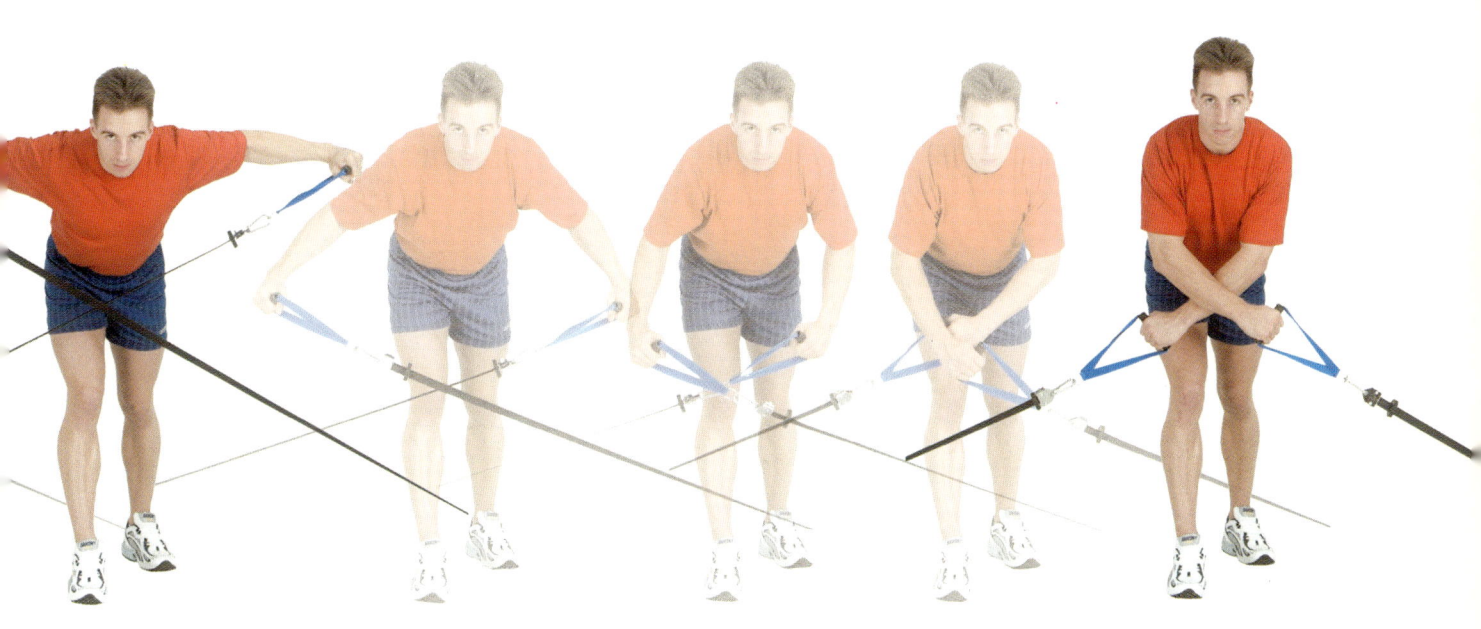

- Eleve sus brazos hasta formar un ángulo de 90 grados con el cuerpo. Recuerde que debe mantener apretados los músculos abdominales para proporcionar soporte a su espalda baja.

- Ahora distensione los cables y baje los brazos de nuevo. Conserve estables el torso y las piernas y asegúrese de que brinden soporte.

- Regrese los brazos a la posición inicial. Crúcelos en frente de su cuerpo. Permanezca con la cabeza al frente y no permita que el cuello caiga.

- Repita el ejercicio tantas veces como lo desee. El movimiento debe ser lento, controlado y fluido.

inhale ▶ exhale inhale ❚❚ ▶ ❚❚

principiantes

extensión hacia abajo, de frente

Este ejercicio trabaja los músculos tríceps y dorsales, de la espalda superior. Para realizar el ejercicio se requiere un travesaño.

- Párese con la pierna izquierda 30 cm al frente de una de las columnas, y la derecha aproximadamente 15 cm atrás.

- Inicie el movimiento con los brazos estirados, en ángulo de 90 grados respecto al cuerpo. Baje las manijas y mantenga rectos los brazos. Saque el pecho y suba el esternón durante el movimiento.

- Continúe el movimiento hacia abajo, llevando las manos hacia su cuerpo. Conserve atrás los hombros y no los encoja. Sentirá presión alrededor del pecho, tríceps y hombros.

| | inhale | comience a exhalar | exhale |

extensión hacia abajo, de frente | 87

- Antes de llevar las manijas hacia abajo, mueva despacio la pierna izquierda hacia atrás, estirándola. Mantenga relajadas ambas rodillas y los talones sobre el piso mientras realiza el movimiento.

- Ahora suelte lentamente el cable y levante la barra hasta la posición de inicio. Conserve tensos los músculos abdominales todo el tiempo para asegurar la estabilidad central.

- Repita este ejercicio varias veces hasta que se canse. Recuerde no forzar los brazos ni los hombros.

- Si desea aumentar la resistencia para este ejercicio, párese más lejos de la columna.

exhale ▶ inhale ❚❚ ▶ ■

avanzados

remo bajo romboides y bíceps

Este ejercicio trabaja los bíceps y los músculos de la espalda superior: dorsales y romboides.

- Este ejercicio utiliza los cables de la polea inferior. Comience sentado frente a la columna de los cables. Agarre las manijas de los cables con ambas manos. Siéntese a una distancia desde la cual deba inclinarse hacia adelante para sostener las manijas.

- Ubique los pies contra una barra o apoyapiés que aguante el esfuerzo y proporcione estabilidad para el movimiento. Mantenga las piernas rectas, pero las rodillas no deben estar ajustadas.

- Para iniciar el ejercicio exhale y hale despacio los cables hacia atrás. Con los codos relajados, hale desde los brazos. Mantenga rectos espalda, cuello y cabeza todo el tiempo y muévase desde las caderas.

- Continúe halando hasta que las manijas toquen la parte superior de su abdomen. Hale con su espalda superior (romboides), no con las manos, ya que de esta manera estará trabajando sólo los bíceps.

| inhale | exhale | inhale |

remo bajo | 89

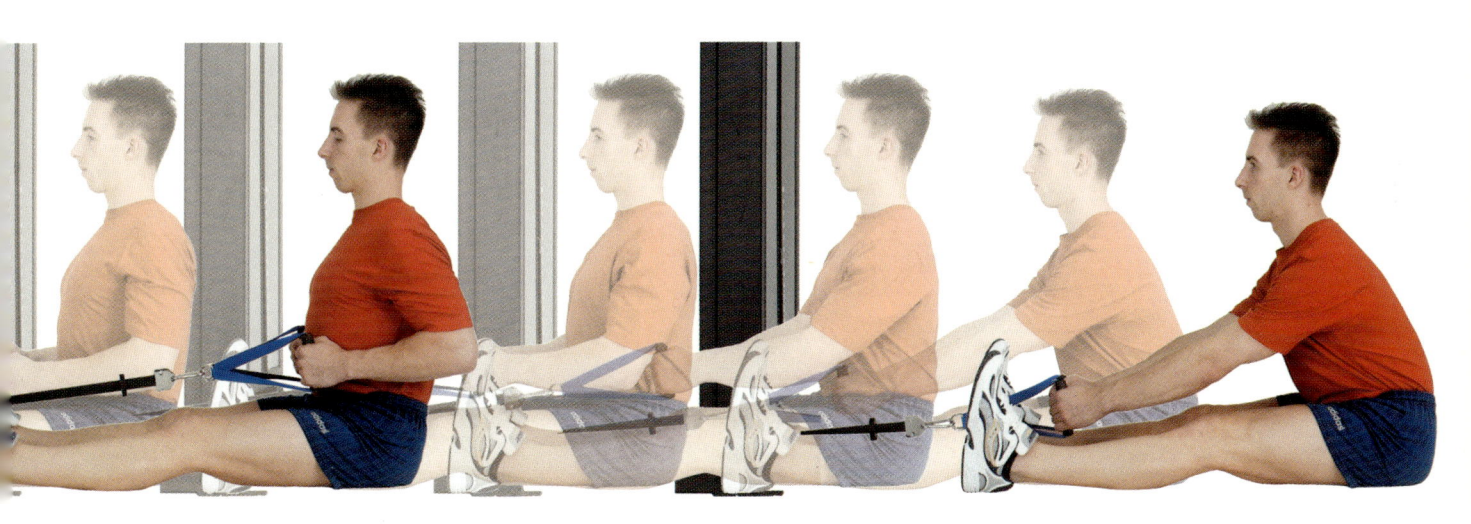

- Hale sólo hasta quedar erguido: no sobrepase el ángulo de 90 grados, ya que esto podría forzar su espalda baja. Dirija los hombros atrás. Sentirá una contracción en los lados y en la espalda superior.

- Ahora inhale y libere la tensión en el cable, dejando que éste regrese despacio a la posición inicial. Conserve recta la espalda todo el tiempo. Asegúrese de estar doblándose por las caderas.

- Mantenga los antebrazos paralelos al piso durante todo el movimiento. Las piernas deben estar rectas sobre el piso. Cuando hale las manijas hacia atrás, asegúrese de que sus hombros se encuentren relajados y no encorvados.

- Repita el ejercicio tantas veces como lo desee, mientras se sienta cómodo, cuidándose de no forzar su espalda u hombros de manera alguna.

| exhale | ▶ inhale | exhale ⏸ | ▶ ⏸ |

avanzados

elevación de deltoides

Ésta es una versión más fuerte de los levantamientos laterales con mancuerna (páginas 32-33). Trabaja los músculos del hombro (deltoides medio) y el trapecio, en la parte superior de la espalda y el cuello.

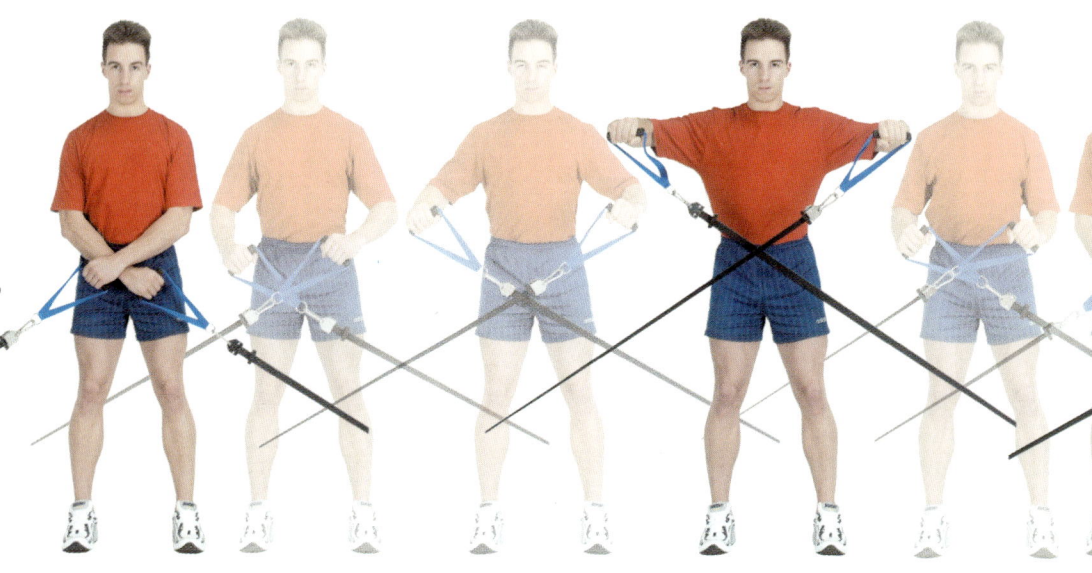

- Note que la elevación de deltoides con cables es mucho más fuerte que la elevación con mancuerna, porque la resistencia es constante todo el tiempo. Al utilizar la mancuerna, la mayor resistencia está en la parte final del movimiento.

- Este ejercicio utiliza los cables de la polea inferior. Empiece de pie en medio de las columnas de los cables. Separe bien los pies, con el izquierdo ligeramente adelante para proteger la espalda y para enfocar el movimiento en los hombros.

- Relaje las manos y sostenga las manijas en posición cruzada. Inicie gradualmente la tensión y separe las manos, alejándolas del cuerpo.

- Lleve los brazos hacia arriba, con las palmas hacia adelante y los codos doblados. Conserve estable el cuerpo y recta la espalda durante todo el movimiento. Eleve los brazos hasta alcanzar el nivel de los hombros.

▶ inhale   ▶ exhale   ▶ inhale ▶

elevación de deltoides | 91

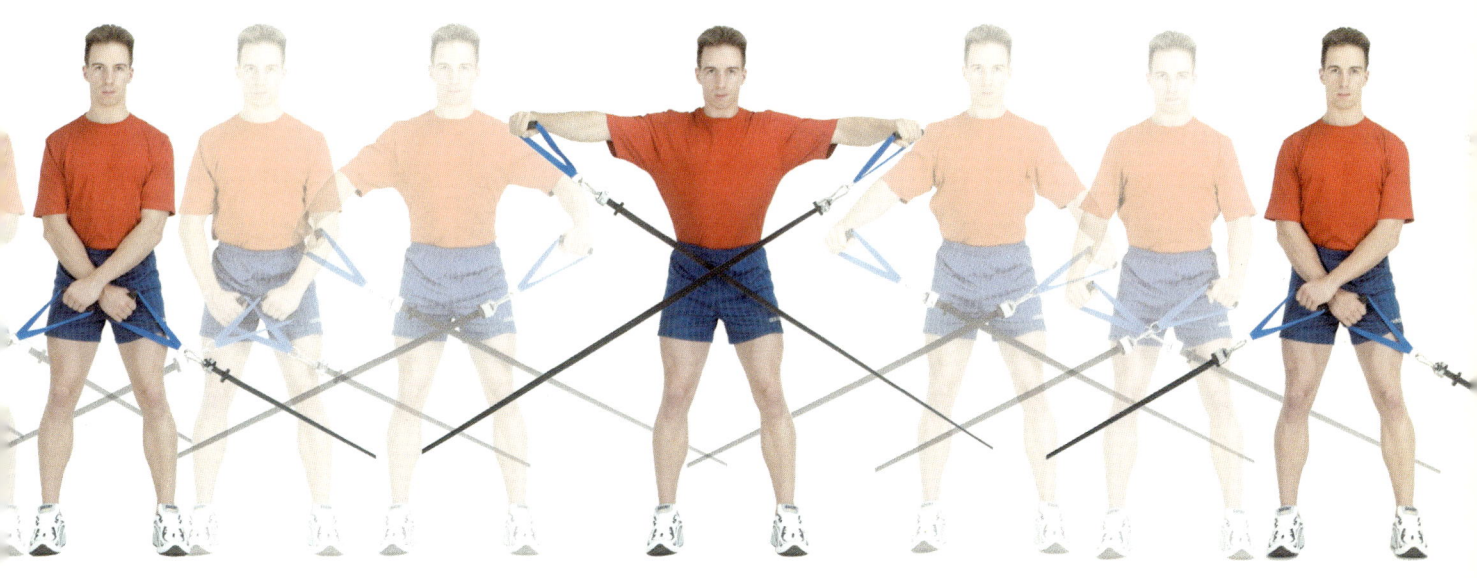

- Permanezca con los codos ligeramente más elevados que las manos durante todo el movimiento (esto asegura que esté ejercitando los músculos de los hombros).

- Inhale y baje despacio sus brazos. Al repetir el ejercicio, no permita que el cable se afloje y continúe los levantamientos sin cruzar las manos.

- Para realizar una variación avanzada, extienda los brazos totalmente, de manera que queden a 90 grados respecto al cuerpo. Recuerde que no debe encorvar los hombros al elevar los brazos. Los codos deben estar sueltos.

- Repita cada ejercicio tantas veces como sea necesario, teniendo cuidado para no forzar los músculos de la espalda o de los hombros.

exhale ▶ inhale exhale ▮▮ ▶ ▮▮

avanzados

levantamiento de hombros con balón

Éste es un ejercicio avanzado que trabaja los deltoides. El balón fuerza al cuerpo a conservar el equilibrio durante todo el movimiento lo que proporciona una resistencia adicional.

- Este ejercicio utiliza los cables de la polea inferior. Para prepararse, siéntese sobre el balón en medio de la columna de los cables, con los pies en el piso y las rodillas firmes.

- Levante ambas manos hasta que queden más o menos en línea con su cabeza. Doble los brazos en un ángulo de 45 grados, con las palmas de las manos hacia adentro, en dirección a su cuerpo.

- Ahora inicie el ejercicio. Dirija la mano derecha hacia arriba y adentro, en dirección de la cabeza. Tendrá que rotar la palma hacia adelante al realizar este movimiento.

- Suba el brazo hasta que quede sobre su cabeza. Regréselo abajo y repita este movimiento con el izquierdo.

| inhale | empiece a exhalar | exhale |

levantamiento de hombros con balón | 93

- Puede mover ambos brazos hacia arriba y adentro, cada uno en dirección del otro. Mantenga alineados y nivelados los codos durante el levantamiento y la parte superior del cuerpo estable y firme todo el tiempo. No arquee la espalda al realizar el ejercicio.

- Extienda los brazos hacia arriba hasta que se crucen en el centro. Sentirá presión en los hombros. Sostenga la posición brevemente. Recuerde que no debe encorvar los hombros o inclinarse hacia atrás.

- Inhale y baje despacio las manos a la posición inicial, con las palmas hacia adentro, en dirección a su cuerpo. Conserve la cabeza hacia adelante y no tense el cuello.

- Repita el ejercicio con un brazo a la vez o los dos al tiempo. Para realizar una variación más difícil, extienda sus brazos por completo hasta llegar arriba.

inhale ▶ exhale inhale ❙❙ ▶ ❙❙

intermedios

flexión de bíceps con cable

Éste es un ejercicio primario para trabajar los bíceps, y realiza la misma función que la flexión de bíceps de pie, en las páginas 38-39. Sin embargo, el uso del cable proporciona una resistencia constante, de manera que esta rutina corresponde a una versión más avanzada. Las dorsales y el tríceps están también comprometidos, ya que actúan como músculos estabilizadores.

● Sostenga la manija en su mano derecha, con la palma hacia arriba; la parte inferior del brazo soporta la tensión del cable en posición relajada. Para comenzar el ejercicio flexione su codo para levantar la mano hacia el hombro.

● Mantenga estable la parte superior del cuerpo y las rodillas relajadas. Recuerde que no debe inclinarse hacia atrás para ayudar en el levantamiento. Permanezca con los dorsales y el tríceps apretados todo el tiempo para concentrar la tensión en el bíceps.

▶ inhale   ▶ comience a exhalar   ▶ exhale   ▶

flexión de bíceps con cable | 95

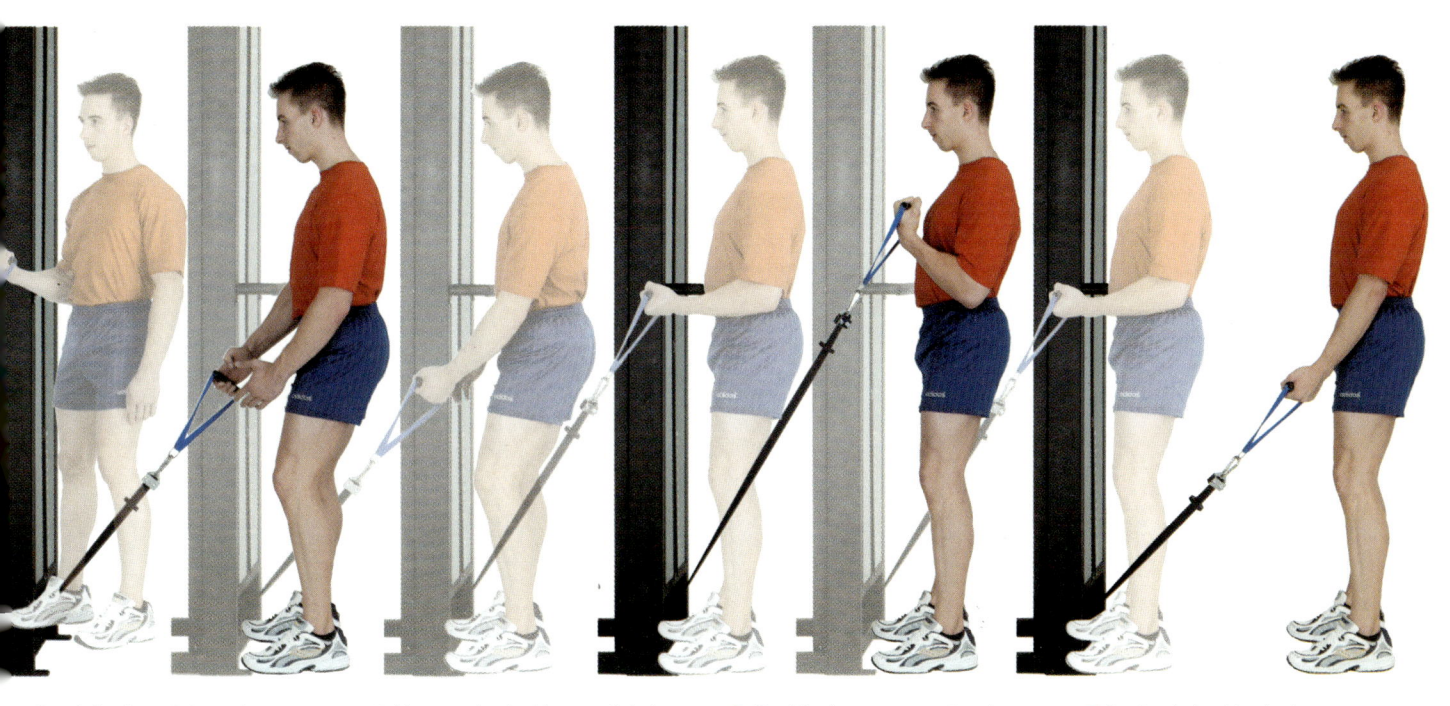

- Continúe el movimiento hasta que su palma esté hacia adentro, el bíceps se encuentre completamente flexionado y no se pueda mover más.

- Ahora extienda el brazo y baje la manija a la posición inicial. Repita sin dejar que la tensión de la polea del cable se pierda. Realice todas las repeticiones que requiera. Recuerde no forzar sus brazos o espalda.

- Cambie de mano y empiece la flexión de bíceps con su brazo izquierdo. Recuerde que debe conservar relajadas las rodillas y las piernas separadas a la distancia de la cadera.

- Repita el ejercicio el mismo número de veces con el brazo izquierdo y descanse después.

comience a inhalar ▶ inhale ‖ exhale ‖ ▶ ‖

principiantes

flexión con cable y balón

Este ejercicio trabaja y fortalece sus bíceps. Es indispensable que prepare el ejercicio correctamente. Debe colocar el balón a una distancia de la columna del cable suficiente para que cuando eleve la manija, la correa forme un ángulo de 45 grados con el piso.

- Arrodíllese mirando hacia la columna. Flexione los dedos de los pies. Coloque las rodillas con firmeza junto al balón y sitúe el brazo derecho sobre él. Sostenga la manija del cable con la palma hacia arriba.

- El codo debe estar centrado sobre el balón. Éste proporciona una resistencia adicional y ayuda a aislar el bíceps para un buen trabajo. Sitúe la mano en reposo a un lado del balón para mayor estabilidad.

- Doble el codo y suba el brazo derecho para tensionar el cable. Para iniciar el ejercicio, exhale y flexione el brazo; llévelo despacio hacia su cuerpo.

empiece a inhalar ▶ inhale ▶ comience a exhalar ▶

flexión con cable y balón | 97

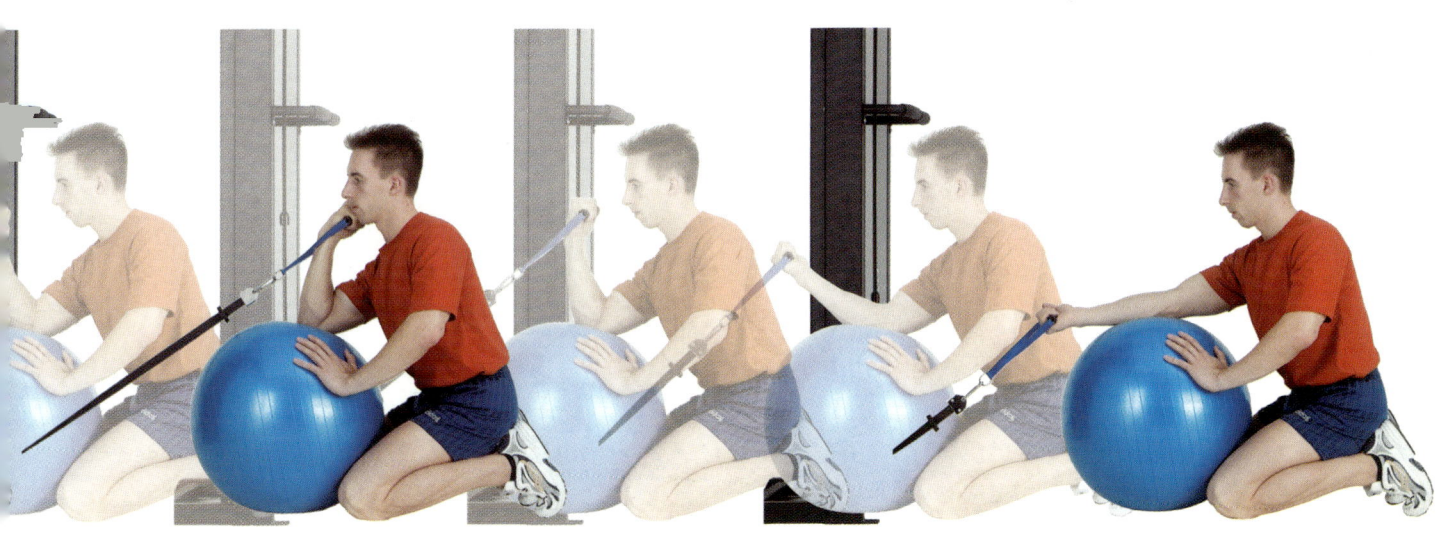

- Siga levantando la manija hasta que el bíceps quede completamente contraído. Mantenga firme el cuerpo y las rodillas debajo del balón para tener estabilidad.

- Inhale y comience a bajar el brazo hasta la posición inicial. Conserve inmóvil el cuerpo y no tense el cuello.

- Baje el brazo lentamente y concéntrese en mantener firme el codo. Conserve relajados los hombros. Inhale mientras baja el brazo.

- Repita este ejercicio todas las veces que lo requiera. Cambie de brazo e inicie la rutina. Flexione el codo y trabaje los músculos del brazo izquierdo.

exhale ▶ exhale inhale ‖ ▶ ‖

intermedios

extensión de tríceps hacia abajo, con cuerda

Este ejercicio trabaja sus tríceps. Las dorsales también están comprometidas en este movimiento como músculos estabilizadores.

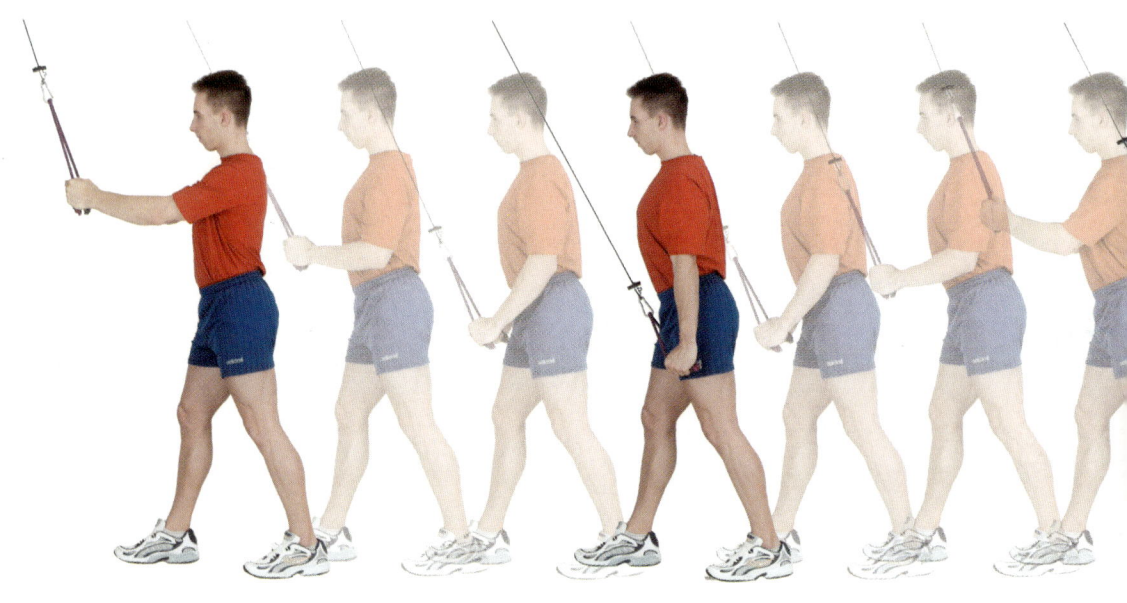

● Para prepararse, párese frente a una de las columnas de los cables, aproximadamente a 30 cm. Ponga los pies firmes, el derecho frente al izquierdo. Las piernas también deben estar firmes pero ligeramente flexionadas en las rodillas.

● Utilizando ambos brazos, hale hacia abajo la cuerda acoplada al cable hasta que los brazos queden a 90 grados respecto al cuerpo, o paralelos al piso. Ésta es la posición de inicio.

● Para comenzar el ejercicio, empuje hacia abajo. Tendrá que contraer los dorsales para mantener estable la parte superior del cuerpo. No se incline hacia adelante para bajar la cuerda: el movimiento lo realizan los brazos.

▶ inhale ▶ exhale ▶ inhale

extensión de tríceps hacia abajo, con cuerda | 99

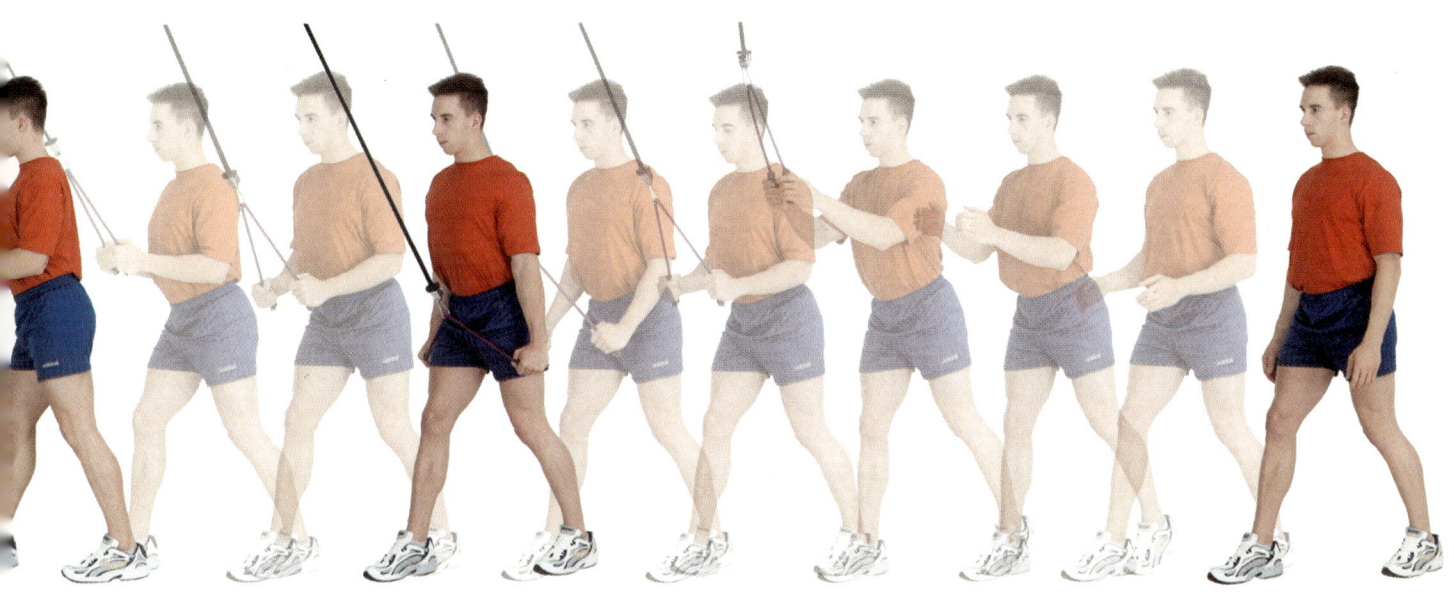

- Continúe el movimiento hacia abajo. Separe las manos a medida que los brazos se extienden. Los antebrazos girarán un poco con el movimiento descendente. Complete la extensión con los codos ajustados y los brazos completamente extendidos.

- Ahora suba las manos de regreso a la posición inicial, a 90 grados respecto al cuerpo. No arquee la espalda al levantar las manos de nuevo.

- Baje los brazos de regreso a los lados y luego elévelos para completar otra repetición. Realice un movimiento lento y controlado.

- Cuando haya terminado este ejercicio, suelte la cuerda y relaje sus brazos a los lados.

exhale ▶ inhale exhale ⏸ ▶ ◼

avanzados

tríceps

extensión de tríceps con cable y pie atrás

Este ejercicio trabaja los tríceps casi de la misma manera que la extensión de tríceps con flexión de bíceps, de pie (páginas 38-39), aunque éste es un ejercicio ligeramente más fuerte, ya que la presión sobre el músculo se conserva desde el comienzo, debido a la tensión de los cables.

● Prepárese: mire hacia la columna y coloque el pie izquierdo atrás para adoptar una posición baja. Inclínese hacia adelante, extienda el brazo derecho y sosténgase de la barra, para tener estabilidad y soportar el peso de su cuerpo.

● Asegúrese de permanecer con ambas rodillas relajadas durante este ejercicio y conserve los pies planos sobre el piso. El movimiento debe realizarse desde el brazo y su cuerpo debe permanecer inmóvil.

● Sostenga el cable y extienda su brazo izquierdo hasta que quede paralelo al piso. Mantenga rígida y estable la parte superior del brazo, todo el tiempo.

▶ comience a inhalar   ▶ inhale   ▶ empiece a exhalar ▶

extensión de tríceps con cable y pie atrás | 101

● Conserve la espalda recta durante todo el ejercicio. Recuerde no rotar ni torcer su cuerpo al extender el brazo.

● Ahora inhale y flexione el antebrazo para regresar a la posición inicial, permitiendo que la tensión del cable lleve su brazo de nuevo hacia la columna.

● Repita el movimiento varias veces sin forzar el brazo. Asegúrese de no encorvar los hombros durante este ejercicio y que su cuello se encuentre relajado.

● Ahora realice la extensión del tríceps con el brazo derecho, sosteniendo el peso del cuerpo con el brazo izquierdo extendido.

exhale ▶ inhale exhale ❙❙ ▶ ❙❙

avanzados

extensión de tríceps con balón

Este ejercicio trabaja los tríceps con apoyo adicional del balón. El uso del balón le ayuda a aislar el movimiento en la parte superior de los brazos y a mantener la flexibilidad y la fuerza.

- Este ejercicio puede utilizar la polea media o la superior. Para prepararse, arrodíllese detrás del balón, de espaldas a la columna. Coloque sus rodillas junto al balón para tener estabilidad.

- Con su mano derecha, agarre la manija del cable que está detrás. Asegúrese de estar lo suficientemente lejos de la columna como para tensionar el cable.

- Centre sus codos sobre el balón. Utilícelo como apoyo adicional. Para iniciar el ejercicio, exhale y empiece a extender el brazo derecho adelante, hacia el piso.

- Siga extendiendo el brazo, de manera que su antebrazo rote lentamente y su palma apunte hacia abajo. Recuerde que debe mantener firme y estable el cuerpo todo el tiempo, para concentrar la tensión en los tríceps.

| inhale | comience a exhalar | exhale |

extensión de tríceps con balón | 103

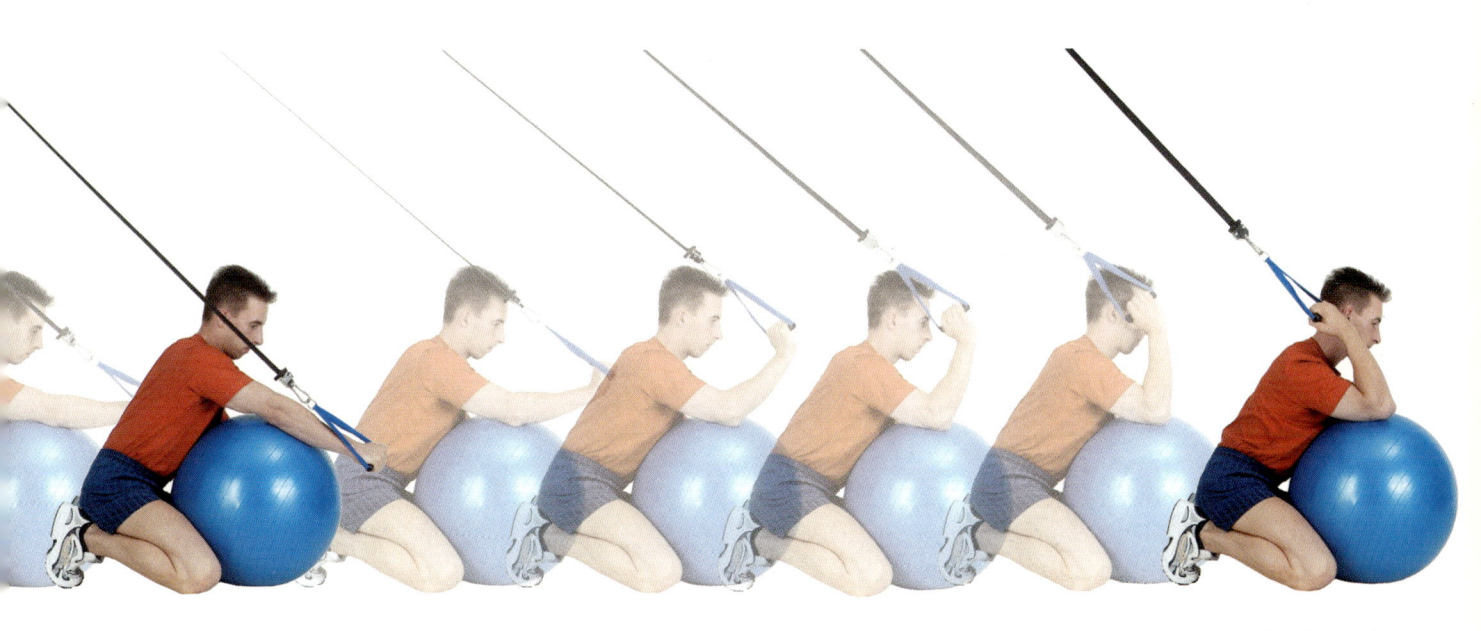

- Realice la extensión con la palma hacia adelante y el brazo presionando hasta quedar totalmente extendido. Permanezca con la espalda recta y no permita que el cuello se tense.

- Ahora regrese su brazo derecho lentamente a la posición inicial. Asegúrese de que el codo siga inmóvil y el movimiento se aísle en el brazo.

- Al subir el brazo de regreso, gire su puño despacio hacia el cuerpo, de manera que la palma quede hacia atrás de nuevo. Repita el ejercicio varias veces, teniendo cuidado para no forzar el brazo.

- Ahora, repita el ejercicio con el brazo izquierdo. Asegúrese de realizar el mismo número de repeticiones que con el brazo derecho.

exhale ▶ inhale exhale ⏸ ▶ ⏸

intermedios

flexión de abdominales con cable y balón

Este ejercicio trabaja los músculos rectos abdominales, los cuales al desarrollarse parecen una serie de ondulaciones o un "paquete de seis", en la superficie de su estómago. Requiere fuerza considerable en el torso para realizarlo.

● Colóquese en posición para que su espalda superior descanse sobre el balón, con las piernas dobladas a 90 grados y los pies planos sobre el suelo. Las rodillas deben permanecer firmes todo el tiempo para proporcionar estabilidad.

● Agarre firmemente la manija del cable con ambas manos y sosténgala detrás de su cabeza. Debe estar a suficiente distancia de la columna del cable como para que éste se tense al levantar el cuerpo.

● Para iniciar el ejercicio, exhale y flexione el cuerpo desde el abdomen. Hale hacia adelante en un movimiento suave y en dirección a sus piernas, no hacia arriba en dirección al techo.

empiece a inhalar ▶ **inhale** ▶ **comience a exhalar** ▶

flexión de abdominales con cable y balón | 105

- Continúe la flexión hasta que sus abdominales se compriman. Los músculos estabilizadores son esenciales en este movimiento, ya que debe mantener el equilibrio y la estabilidad y concentrar toda la presión en los abdominales.

- Ahora baje lentamente de regreso a la posición inicial, en un movimiento suave. Mantenga las piernas dobladas para ayudar a conservar el equilibrio. No permita que su cuello caiga.

- Repita el ejercicio tantas veces como le resulte cómodo, sin forzar su espalda baja o el abdomen.

- Éste es un ejercicio abdominal seguro porque el balón sostiene y protege la espalda baja, al tiempo que le permite centrarse en los músculos abdominales.

exhale   inhale

avanzados

extensión de espalda con balón

Este ejercicio realiza el movimiento contrario de la flexión de abdominales con balón (páginas 104-105). Es un ejercicio avanzado que trabaja su espalda baja, al tiempo que proporciona un soporte seguro con el balón.

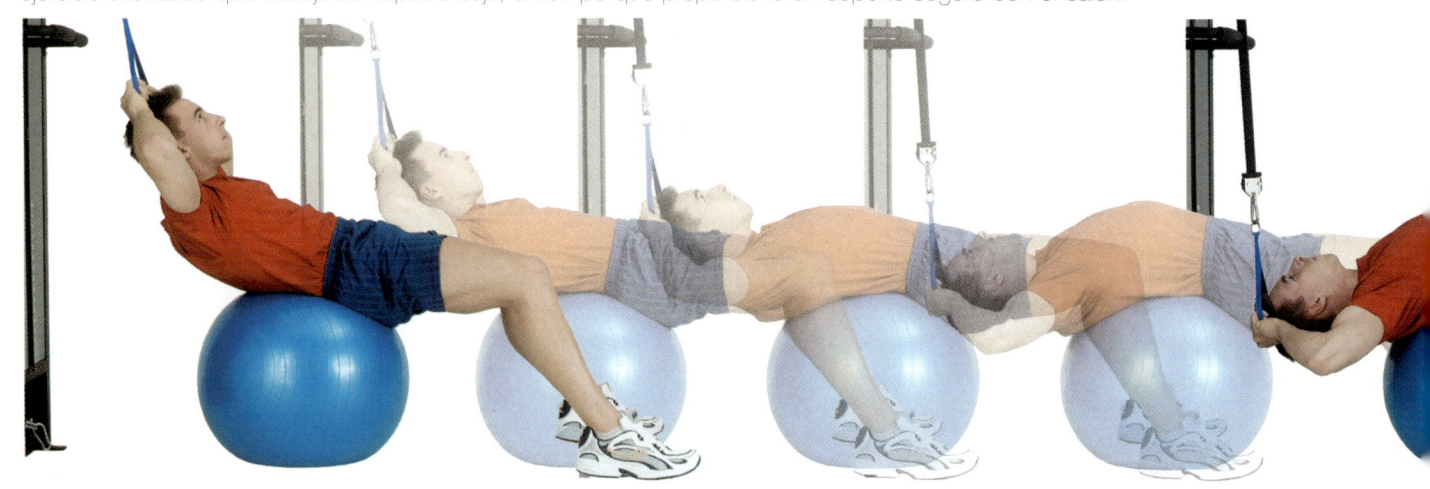

- Este ejercicio utiliza el cable de la polea superior. Para prepararse, mire en sentido contrario a la columna del cable. Inclínese hacia atrás sobre el balón y ruédelo debajo del cuerpo. Presione las plantas de los pies contra el piso.

- Descanse la espalda superior en el balón. Doble las piernas 90 grados, ponga los pies planos en el piso para mantener el equilibrio y sostenga firmes las rodillas para mayor estabilidad.

- Agarre con firmeza la manija del cable con ambas manos y sosténgala contra la parte superior de la cabeza. Debe estar a una distancia suficiente de la columna del cable como para que cuando hale sienta resistencia.

- Para iniciar el ejercicio, extienda lentamente su cuerpo hacia el suelo. Mantenga las manos sobre la cabeza. Toda la resistencia proviene de arriba, así que debe halar hacia abajo.

▶ **inhale** ▶ **comience a exhalar** ▶

extensión de espalda con balón | 107

- Siga halando hacia abajo tanto como sea posible. Permanezca con las rodillas firmes para tener estabilidad y equilibrio. Asegúrese de que su cuello no caiga.

- Ahora comience a subir el cuerpo. Cuide de no levantarse mucho, sólo lo suficiente para que los hombros se despeguen del balón. Conserve los codos inmóviles y no los doble en dirección al cuerpo.

- Repita la extensión varias veces, sin forzar de manera alguna sus brazos o espalda; relájese.

- El balón es un elemento extremadamente útil en este ejercicio, ya que proporciona un punto de apoyo para la espalda, lo que aumenta la seguridad y reduce el riesgo de sufrir una lesión.

exhale ▶ inhale exhale ▶ ||

avanzados

flexión arrodillado
abdominales y oblicuos

Esta rutina consta de dos ejercicios que le darán a su torso un buen entrenamiento: la flexión hacia adelante, de rodillas, forma, tonifica y fortalece los músculos abdominales; mientras que la flexión lateral trabaja los oblicuos externo e interno.

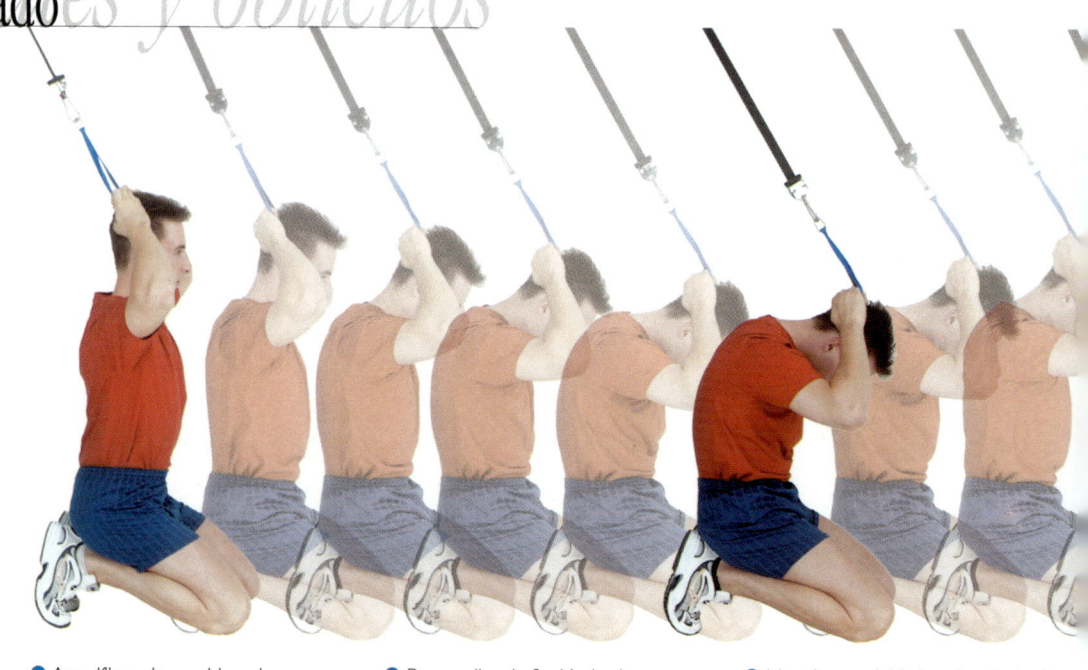

- Arrodíllese de espaldas a la columna. Agarre firmemente con sus dedos la manija del cable y sosténgala detrás de la cabeza. Las manos deben formar un "gancho", del cual podrá sostener el cable.

- Para realizar la flexión hacia adelante dóblese despacio. Enrolle el cuerpo hacia abajo con un movimiento descendente. Es importante que se doble así para trabajar el abdomen, pues si lo hiciera hacia adelante aplicaría la presión sobre su espalda baja.

- Manténgase doblado mirando hacia el piso. Ahora inhale y regrese a la posición inicial. Repita el movimiento sin forzar su abdomen.

inhale ▶ **exhale** ▶ **inhale** ▶

flexión arrodillado | 109

- Para la flexión lateral, utilice la misma posición de preparación. Arrodíllese, descanse la cadera sobre los talones y apóyese en los dedos de los pies. Sostenga la manija detrás de su cabeza; agárrela firmemente con los dedos.

- Ahora dóblese hacia abajo, pero gire el cuerpo al lado derecho con un movimiento lento. De nuevo, permanezca doblado mirando hacia el suelo.

- Dóblese hasta donde le sea posible y luego regrese a la posición inicial. Repita el ejercicio lateral tantas veces como le sea posible, sin forzarse.

- Regrese a la posición inicial y repita la flexión lateral al lado izquierdo. Haga el mismo número de repeticiones que realizó al lado derecho.

exhale ▶ inhale exhale ‖ ▶ ‖

intermedios

giros con balón
abdominales transversos

Este ejercicio trabaja el músculo abdominal transverso, debajo del diafragma, en el abdomen superior. No fuerce su abdomen al realizar esta rutina.

- Este ejercicio utiliza el cable de la polea inferior. Para prepararse, siéntese en el centro del balón, mirando hacia adelante, con la columna del cable a la derecha. Así forzará los músculos de la parte superior del cuerpo para conservar el torso tenso y erguido.

- Sitúe los pies sobre el piso, planos y separados 45 cm uno del otro. Pase el brazo izquierdo frente al cuerpo y sostenga las manijas con ambas manos.

- Para iniciar el ejercicio, hale el cable frente al cuerpo, extienda ambos brazos completamente y mantenga relajados los codos. Sus brazos y hombros actúan como una palanca para los músculos abdominales.

- El movimiento describirá un arco desde la parte derecha inferior hasta la izquierda superior. Continúe el movimiento hasta que las manos se extiendan más o menos a la altura de la cabeza, al lado izquierdo.

▶ inhale ▶ comience a exhalar ▶ exhale ▶

giros con balón | | | |

- Debe girar el cuerpo desde la cintura. Es incorrecto mover sólo los brazos.

- Ahora regrese el cuerpo a la posición inicial. Deje que la tensión del cable lo hale hacia la parte derecha inferior. Recuerde que debe conservar rectos codos y hombros, pero relajados durante todo el movimiento.

- Repita el ejercicio. Gire desde la cintura. Debe sentir una tensión alrededor del abdomen superior y a los lados. Repita el movimiento varias veces sin trabajar sus brazos u hombros excesivamente.

- Ahora realice el ejercicio el mismo número de veces al otro lado, teniendo cuidado para no forzar su abdomen.

exhale ▶ inhale ‖ exhale ▶ ‖

avanzados

inclinaciones laterales
cuadrado lumbar

Esta rutina tonifica y fortalece los músculos oblicuos (localizados a los lados de la cintura), por medio de una flexión lateral. También trabaja el músculo cuadrado lumbar.

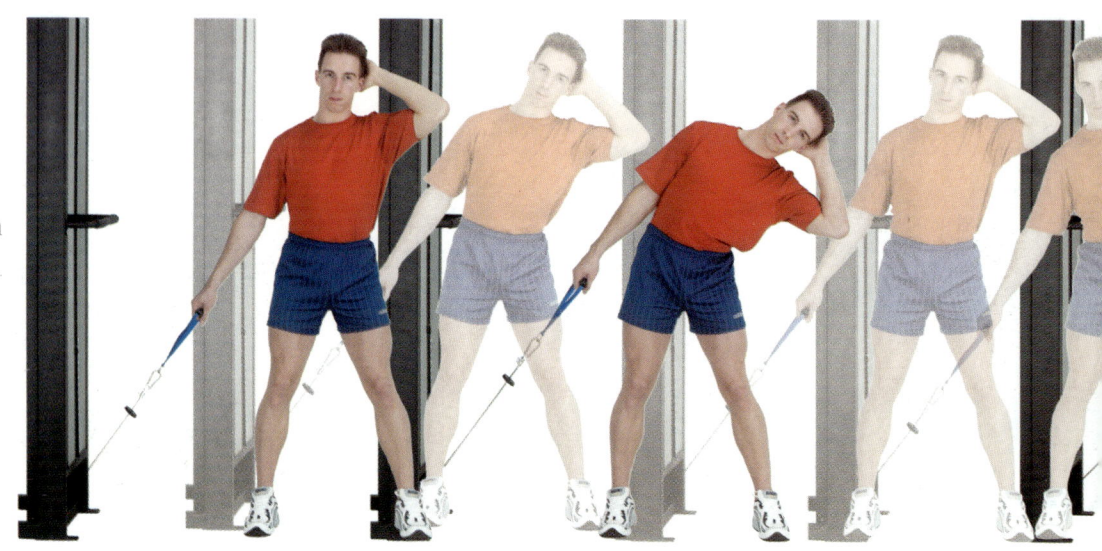

- Párese a una distancia suficiente como para sentir la tensión del cable. El brazo que sostiene el cable debe estar relajado y no debe asumir la presión. Coloque la mano que se encuentra en reposo en la parte posterior de la cabeza.

- Para empezar el ejercicio, incline la parte superior del cuerpo en sentido contrario al del cable. Dóblese por la cintura. La presión debe concentrarse a los lados del torso: no hale el cable con la mano, utilice el brazo sólo como palanca.

- Extienda el cuerpo tan lejos de la máquina como pueda, luego regrese hacia ella lentamente. A medida que regresa, sentirá una contracción en el lado izquierdo, causada por la resistencia.

▶ inhale ▶ exhale ▶ inhale

inclinaciones laterales | 113

- Recuerde que debe mantener derecha su cadera todo el tiempo y no rotar el cuerpo.

- Siga el movimiento hacia cada uno de los lados, sin forzarse. También sentirá una tensión al lado derecho cuando regrese el cuerpo hacia la derecha.

- Realice tantas repeticiones como requiera. Permanezca con la cabeza hacia adelante y la parte baja del cuerpo inmóvil. Concéntrese en aislar el movimiento en la cintura.

- Este ejercicio representa una manera segura y efectiva de tonificar y fortalecer los oblicuos cuando se realiza despacio y con cuidado.

exhale ▶ inhale ‖ ▶ ‖

principiantes

manguito rotador

Aquí se trabaja el manguito rotador del hombro y los músculos internos del hombro. La articulación del hombro es una de las más débiles del cuerpo, por ser una cavidad muy superficial, de manera que es importante fortalecerla.

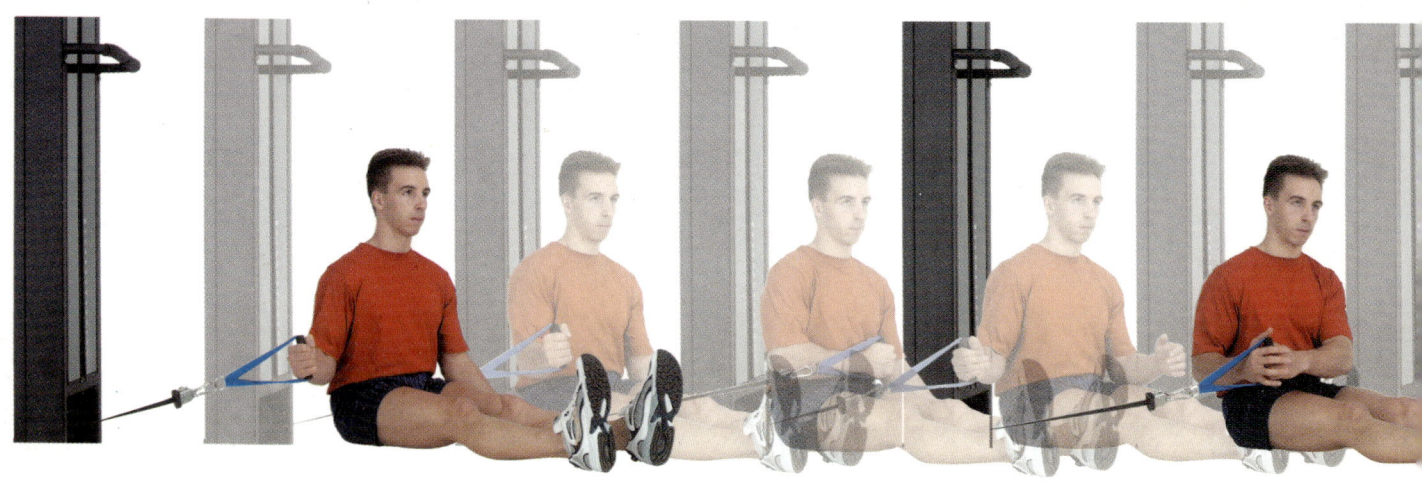

- Este ejercicio puede utilizar los cables de la polea inferior y media. Asegúrese de sentarse lo suficientemente alejado de la máquina de poleas, de manera que sienta la resistencia al agarrar la manija del cable.

- Conserve rígida la parte superior del cuerpo y contraiga el dorsal y el tríceps para tener estabilidad durante este ejercicio. Alinee la manija del cable con su codo por detrás de su mano.

- Lleve despacio el brazo derecho hacia el cuerpo. Asegúrese de realizar el movimiento desde el codo y mantenga la parte superior del brazo firme y cercana al lado correspondiente. Rote tanto como le sea posible, concentre todo el esfuerzo en el hombro.

- Regrese el cable a la posición inicial y cambie de mano para ejercitar el otro hombro.

| inhale | exhale | inhale | comience a exhalar |

manguito rotador | 115

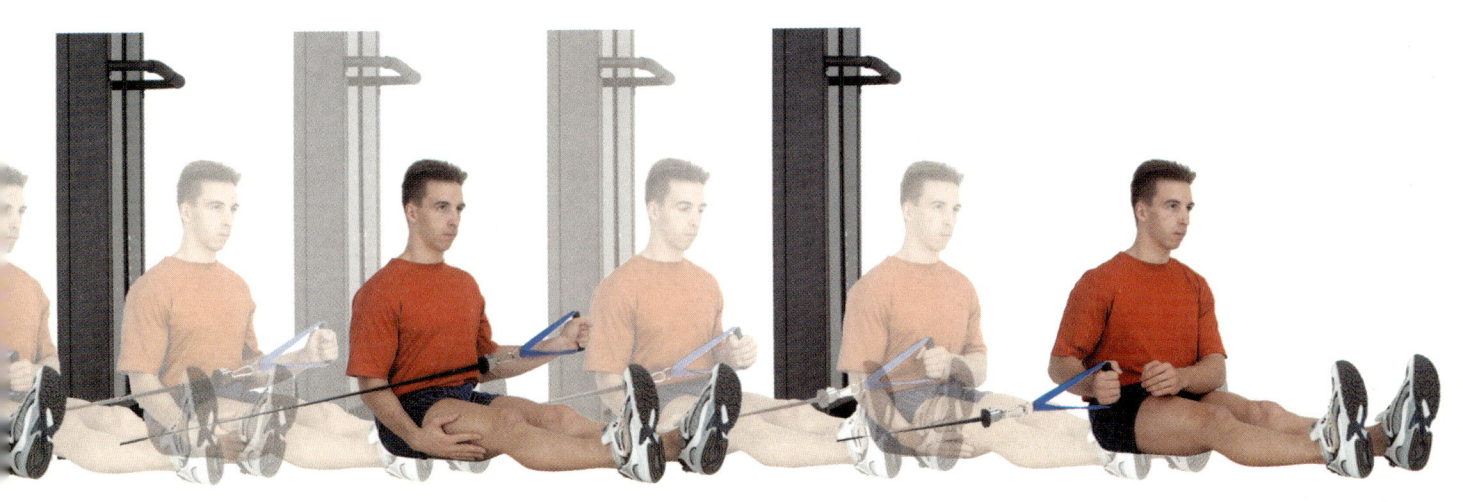

- Recuerde que debe mantener recta la espalda al alejar del cuerpo la manija del cable. No encorve los hombros mientras se encuentre ejercitándolos.

- Mantenga firme la parte superior del brazo, junto al cuerpo, para concentrar todo el esfuerzo en su hombro izquierdo. Tenga cuidado para no tensar el cuello.

- Regrese la polea a la posición inicial y cambie de manos de nuevo. Asegúrese de alinear la manija del cable con el codo antes de comenzar a halar.

- Si desea menos resistencia, puede cambiar el cable de la polea inferior a la media.

exhale   **exhale**   ▶ **empiece a inhalar**   ▶ **inhale**

avanzados

flexiones en la barra

Éste es un ejercicio muy tradicional para trabajar y fortalecer los músculos dorsales y bíceps. Existen dos posiciones posibles para este ejercicio: una con agarre angosto y otra con agarre amplio. La posición angosta maximiza a los bíceps, mientras que la más amplia trabaja y expande los dorsales.

- Para tomar la posición de agarre angosto para este ejercicio, estírese para sostenerse de la barra con sus palmas hacia adentro y los brazos separados más o menos a la distancia de los hombros.

- Cruce los pies para evitar que se balanceen libremente y para aumentar la estabilidad. Permanezca con la espalda y las piernas tan rígidas como sea posible durante todo el movimiento, para facilitar un levantamiento y caída suaves.

▶ comience a inhalar   ▶ inhale   ▶

flexiones en la barra | 117

● Ahora impúlsese hacia arriba, en dirección a la barra, tan lejos como pueda. Ponga el mentón sobre ésta antes de bajar despacio hasta la posición inicial. Repita el movimiento tantas veces como sea posible.

● Para adoptar la posición amplia, extienda los brazos en forma de "V", con las palmas hacia adelante y agarre la barra. Las manos deben estar más o menos a la misma distancia de sus codos cuando éstos se extienden lateralmente.

● De nuevo, cruce los pies para evitar que se balanceen libremente y para aumentar la estabilidad. Ahora impúlsese hacia la barra y ponga el mentón sobre ésta, si es posible.

● Baje a la posición inicial de nuevo. Sentirá una contracción en los músculos dorsales. Repita el movimiento tantas veces como sea posible sin forzarse.

exhale ▶ inhale exhale ▶ ∥

avanzados

remo vertical inverso

Este ejercicio trabaja el músculo trapecio, en la parte superior de espalda y cuello, y los deltoides posterior y medio, en los hombros.

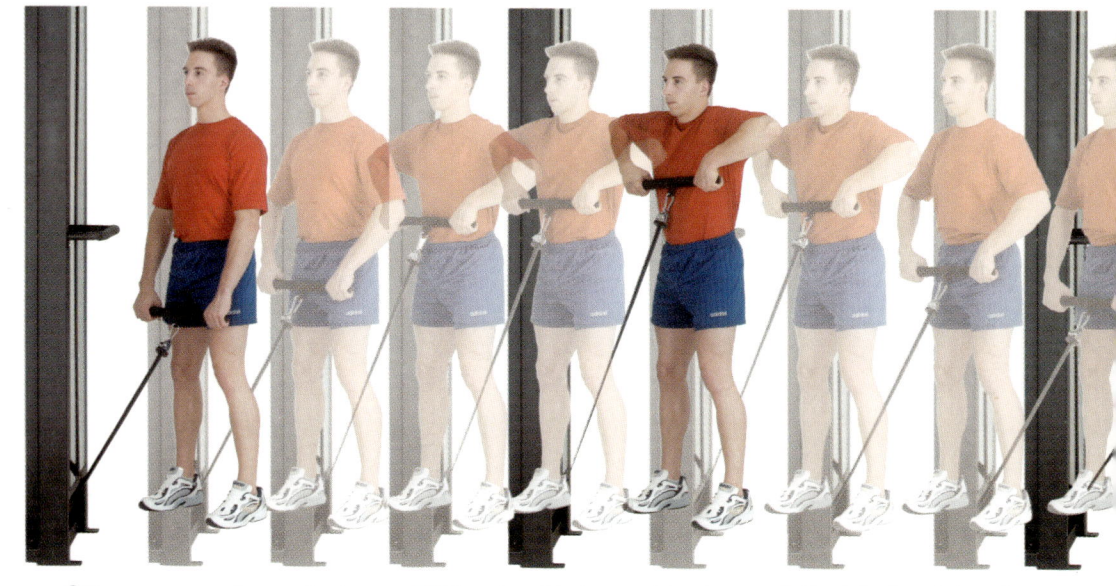

- Para prepararse, párese en frente de la columna del cable, con los pies separados aproximadamente 45 cm y plantados con firmeza. Las piernas deben estar firmes pero un poco relajadas en las rodillas.

- Párese lo suficientemente lejos de la columna del cable como para sentir la tensión. Ahora, con ambos brazos, levante la barra. Mantenga las manos, codos y antebrazos paralelos al cuerpo.

- Continúe el movimiento hasta que la parte superior de los brazos alcancen los 90 grados con respecto al cuerpo. Los codos deben dirigirse hacia arriba a los lados durante el movimiento.

| inhale | empiece a exhalar | exhale |

remo vertical inverso | 119

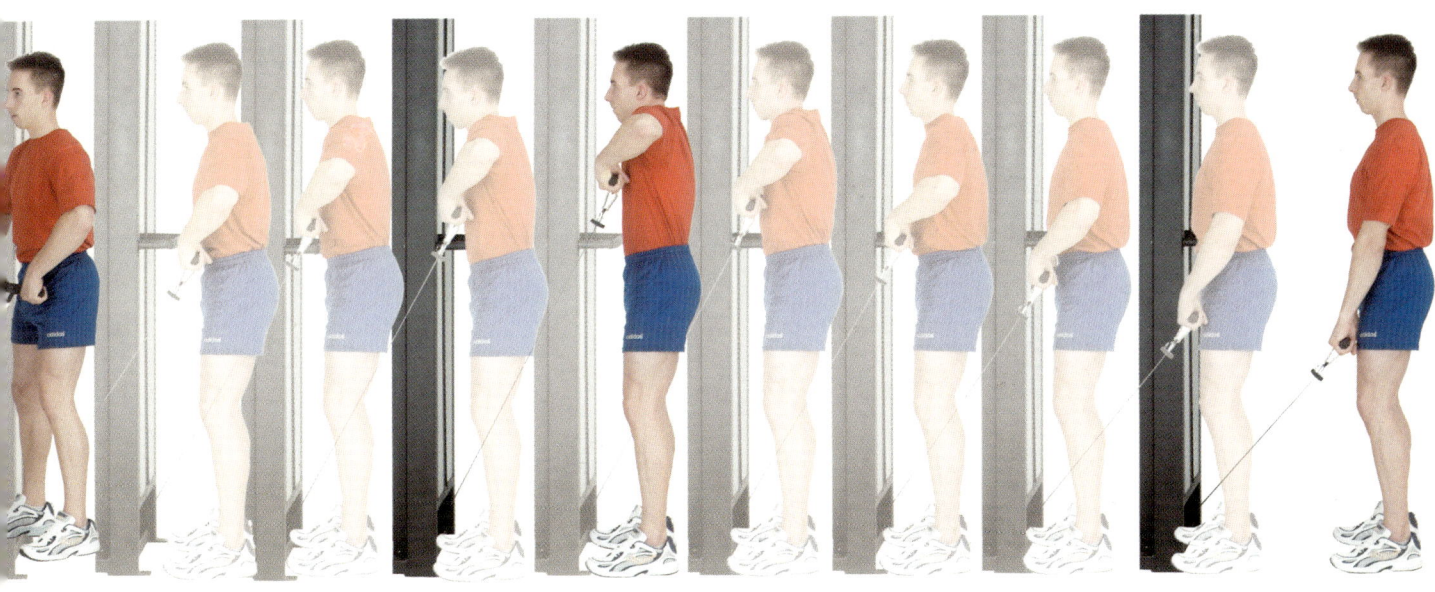

- Sostenga la posición brevemente, pero no permita que las manos se eleven más que los codos, ya que esto podría forzar las muñecas. No deje que el cuello se tense mientras eleva los brazos.

- Ahora baje la barra hasta la posición inicial y repita el ejercicio tantas veces como lo requiera.

- Conserve recta su espalda al realizar este ejercicio y trate de no encorvar sus hombros al subir los brazos.

- Una vez que haya finalizado este ejercicio, coloque el accesorio de la barra suavemente en el piso y relájese.

inhale ▶ exhale inhale ‖ ▶ ‖

avanzados

flexión inversa con cable

flexores de la cadera y abdominales

Este ejercicio trabaja los músculos flexores de la cadera y los abdominales, y contribuye a fortalecer estas zonas.

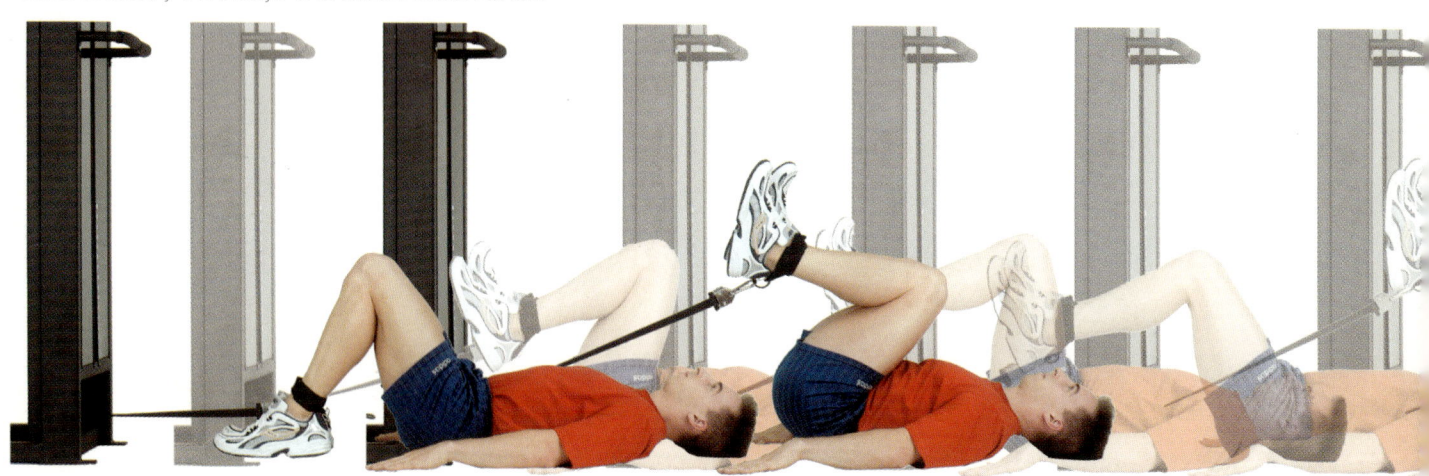

- Este ejercicio utiliza el cable de la polea inferior. Primero que todo, sujete el cable especial a sus tobillos, de manera que los pies se encuentren cerca pero no incómodos.

- Acuéstese mirando hacia la columna vertical del cable, con los brazos extendidos contra el piso para apoyarse y conservar la estabilidad. Hágalo a una distancia que le permita recibir la tensión del cable tan pronto como levante las piernas.

- Para iniciar el ejercicio, levante las piernas y lleve las rodillas al pecho. Mantenga suspendidos los pies y piernas durante todo el movimiento.

- Continúe la flexión desde la cadera y contráigala hacia el pecho hasta donde le resulte cómodo. Realice un movimiento lento y controlado sin forzar los tobillos.

inhale ▶   comience a exhalar ▶   exhale ▶

flexión inversa con cable | 121

- Ahora lleve la parte inferior de las piernas hacia el suelo. Mantenga dobladas las rodillas. Recuerde que debe conservar recta la espalda contra el piso durante todo el ejercicio. Si la llega a arquear, asegúrese de que no le produzca dolor.

- Lleve de nuevo las rodillas hacia el pecho. Conserve los brazos extendidos sobre el piso para que le proporcionen equilibrio.

- Asegúrese de que su cabeza permanezca sobre el suelo mientras mueve las rodillas y que su espalda no se fuerce en ningún momento.

- Repita las flexiones todas las veces que lo desee mientras le resulte cómodo, y luego descanse con las rodillas dobladas y los pies sobre el piso.

inhale ▶ exhale inhale ⏸ ▶ ◼

principiantes

cinta para andar
músculos de la pierna

El trote sobre la cinta es un excelente ejercicio cardiovascular que trabaja casi todos los músculos de la pierna, mientras mantiene apretados los músculos de la espalda y los abdominales. También evita un daño por el impacto mínimo.

- Las cintas tienen amortiguación, son planas, seguras y se pueden utilizar en cualquier clima como alternativa al trote al aire libre. Los trotadores habituales deben utilizar zapatos adecuados con suelas amortiguadas diseñadas especialmente para ello.

- Antes de empezar a correr, estire sus piernas y relaje las articulaciones y músculos (*véase* página 14).

- Párese sobre la cinta. Sujete el cordón de seguridad a la parte delantera de su pantaloneta o pantalones de trotar. Esto previene la pérdida de equilibrio y le ayuda a mantener una posición correcta en la máquina, sin rodar fuera de lugar.

- Encienda la máquina e inicie el ejercicio a paso de marcha. Continúe caminando por unos minutos hasta calentar, y hasta que los músculos se sientan más sueltos.

▶ inhale ▶ exhale ▶ inhale ▶

cinta para andar | 123

- Acelere el paso y amplíe las zancadas para una marcha más rápida. Con zancadas más largas, comience a trotar gradualmente, permitiendo que los músculos se acoplen al movimiento.

- Puede trotar a diferentes ritmos; depende de si desea concentrarse en aumentar su resistencia o la velocidad. Algunos corredores miden su progreso con un monitor de frecuencia cardiaca.

- El trabajo de velocidad —repeticiones rápidas intercaladas con períodos más lentos— mejora la fuerza y velocidad y aumenta la eficacia del trote. El trabajo más prolongado y lento aumenta la resistencia y el desarrollo de los músculos, y ayuda a quemar calorías.

- No se exija demasiado al trotar: si llega a sentir cualquier tensión o incomodidad, suspenda la sesión inmediatamente. Trotar con músculos lesionados puede ocasionar más daño y aumentar el tiempo requerido para la recuperación.

exhale ▶ inhale exhale ▶ ‖

principiantes

máquina efx
cuerpo completo

Usted puede ejercitar los principales grupos musculares con un equipo EFX (entrenamiento elíptico para acondicionamiento), ideal para un trabajo general del cuerpo.

- El uso del equipo EFX es bueno para calentar como preparación para otro tipo de ejercicios. El movimiento elíptico trabaja todo el cuerpo y mantiene la resistencia por medio de manijas y pedales que se manejan con brazos y piernas.

- Existen dos técnicas principales para utilizar el equipo EFX. Una fácil y otra más difícil. Puede escoger una de estas dos técnicas, de acuerdo con sus necesidades.

- Para la técnica difícil, adopte una posición en cuclillas, manteniendo la espalda tan erguida como sea posible. Presione con los brazos y piernas. Esta posición aplica más presión a los brazos y piernas, ya que todo el peso se concentra en las extremidades.

- La posición avanzada exige mucha más tensión del cuerpo y ejerce presión sobre cuádriceps y cadera, para sostener el cuerpo en posición.

▪ inhale ▶ exhale ▶ inhale ▶

máquina efx | 125

- Para la técnica más sencilla, párese erguido sobre la máquina y presione hacia abajo con sus piernas. Esto creará un movimiento de elevación y caída que es más fácil para el cuerpo, ya que se puede mover rítmicamente con la máquina.

- En muchas máquinas se puede practicar el movimiento hacia adelante y hacia atrás, y además es posible ajustar las barras para variar el trabajo y enfocarlo sobre determinados grupos musculares.

- Los pedales y barras permiten asimismo que concentre su trabajo en los músculos de las piernas o de los brazos. Para trabajar las piernas, sitúe las manos en la barra especial para esto. Para los brazos, concéntrese en empujar y halar las manijas.

- La práctica habitual con el equipo EFX es excelente también para mejorar el acondicionamiento y recuperarse de lesiones, ya que el movimiento no requiere un esfuerzo excesivo de alguna articulación o músculo en particular.

exhale ▶ inhale exhale ▶ ❙❙

índice

A
abdomen
- acostado, flexor de cadera 50-51
- arrodillado, flexión 108-9
- balón, flexión abdominal sobre el 62-63
- balón, giros con 110-11
- balón, posición firme con 66-67
- balón, posición firme inversa con 68-69
- cable y balón, flexión de abdominales con 104-5
- cinta para andar 122-23
- flexión inversa con cable 120-21
- torso y empuje del 70-71
- torso, rotación del 72-73

abductores, aductores, *véase* muslos
antagonista, *véase* músculos, antagonistas
articulaciones 6, 8 *véanse también* articulaciones específicas
atuendo 13

B
balón, *véase* ejercicios con balón
bandas elásticas 6
bíceps, *véase* brazos, parte superior
braquiorradial, *véase* brazos, parte inferior
brazos
- parte inferior
  - recogimiento con martillo, flexión de 36-37
- parte superior
  - balón, levantamiento de hombros con 92-93
  - cable y balón, flexión con 96-97
  - cable, flexión de bíceps con 94-95
  - flexiones en la barra 116-17
  - remo bajo 88-89
  - recogimiento con martillo, flexión de 36-37
  - de pie, extensión de tríceps con flexión de bíceps 38-39
  - estabilidad, descensos y 58-59
  - estabilidad, flexiones de pecho y 54-55
  - parte superior
  - balón, levantamiento de hombros con 92-93
  - cable y balón, flexión con 96-97
  - cable, flexión de bíceps con 94-95
  - francés y elevación sobre cabeza, empuje 40-41
  - pecho, levantamiento y empuje de 26-27
  - tríceps con balón, extensión de 102-3
  - tríceps con cable y pie atrás, extensión de 100-1
  - tríceps hacia abajo, con cuerda, extensión de 98-99
  - un brazo, remo con mancuerna en 28-29

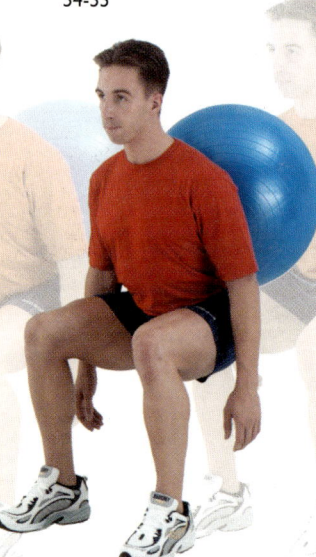

C
cable, ejercicios con 74-125
caderas
- acostado, flexor de cadera 50-51
- iliotibial, estiramiento 14
- inversa con cable, flexión 120-21
calentamiento 14
central, estabilidad 50, 58, 60, 64-73
cinta para andar, ejercicio para principiantes 122
circuitos 10-11
circulación 11
- cinta para andar 122-23
columna *véase* espalda
corazón 11
- cinta para andar 122-23
cuadrado lumbar *véase* espalda inferior
cuádriceps *véase* muslos
cuello
- anterior y lateral, elevaciones 32-33

deltoides, elevación de 90-91
inverso, remo vertical 118-19
véase también espalda, superior

D
deltoides, *véase* hombros
deporte, aumento del rendimiento en el 6
descanso *véase* recuperación
dorsales *véase* espalda superior

E
EFX, máquina 124-25
ejercicios con balón 6, 10, 42-63, 66-73, 82-83, 92-93, 102-7, 110-11
ejercicios 10-11
- avanzados 10-11
  - cable 80-83, 88-93, 100-3, 106-9, 112-13, 116-21
  - estabilidad central 66-67
  - ejercicios con balón 46-47, 50-51, 56-59, 62-63, 66-67, 82-83, 92-93, 102-3, 106-7
- calentamiento 14
- principiantes 10-11
  - cable 76-79, 84-87, 94-99, 104-5, 110-11, 114-15, 112-15
  - estabilidad central 44-45
  - EFX, máquina 124-25
  - ejercicios con balón 44-45, 48-49, 52-54, 56, 96-97, 104-5, 110-11
  - mancuernas 28-29, 30-31, 34-37

intermedios 10-11
    estabilidad central 68-73
    ejercicios con balón 54-55, 60-61, 68-73
    mancuernas 32-33, 38-41, 72-73
    pesas 18-31, 34-37
    pesas 32-33, 38-41
enfriamiento 14
En movimiento 15
entrenamiento *véase* entrenamiento en resistencia
equipo 6, 8 *véase también* artículos específicos
erector spinae *véase* espalda, inferior
impedimento *véase* músculos
espalda
    inferior
        baja, levantamiento de la espalda 60-61
        cinta para andar 122-23
        espalda con balón, extensiones de 106-7
        balón, posición firme inversa con 68-69
        torso, elevación y empuje del 70-71
        torso, rotación del 72-73
    superior
        anterior y lateral, elevaciones 32-33
        bajo, remo 88-89
        cable, flexión de bíceps con 94-95
        flexiones en barra 116-17

de frente, extensión hacia abajo 86-87
deltoides, elevación de 90-91
empuje francés y elevación sobre la cabeza 40-41
encogimiento de hombros y remo vertical 34-35
estabilidad, presión hacia abajo y 56-57
hombro y elevación inversa, retracción del 30-31
inverso, levantamiento 84-85
inversa, remo vertical 118-19
tríceps hacia abajo, con cuerda, extensión de 98-99
un brazo, remo con mancuerna en 28-29
especificidad *véase* músculos
estabilizador *véase* músculos

F
flexores de la rodilla
    boca arriba y con una pierna, flexión de rodilla 46-47
    cuclillas 18-19
    de pie, extensión de la pierna 22-23
    elevación de glúteos y patada 76-77
    estiramiento 14
    levantamiento desde el piso hasta la cadera y sentadillas 20-21
fraccionamiento *véase* sistemas
fuerza *véase* músculos

G
glúteos, *véase* nalgas
grasa, reducción de 6, 9

H
hipertrofia *véase* músculos: fibra
hombros
    anterior y lateral, elevaciones 32-33
    balón, levantamiento de hombros con 92-93
    cable, flexión de bíceps con 94-95
    cables, cruce con 80-81
    cables, levantamiento con balón y 82-83
    de frente, extensión hacia abajo 86-87
    deltoides, elevación de 90-91
    encogimiento de hombros y remo vertical 34-35
    estabilidad, descensos y 58-59
    hombro y elevación inversa, retracción del 30-31
    inverso, levantamiento 84-85
    inverso, remo vertical 118-19
    pecho, levantamiento y empuje de 26-27
    rotador, manguito 114-15
    torso, elevación y empuje del 70-71
    un brazo, remo con mancuerna en 28-29

I
ilion *véase* caderas
ingle, estiramiento 14

intensidad
    entrenamiento excesivo 13
    sistemas 10, 11
isométrico, entrenamiento *véase* músculos: contracciones

L
ligamentos 13

M
mancuernas, ejercicios con 28-41, 72-73
máquinas *véanse* equipos
metabolismo, aumento en el 6, 9
movimiento 8, 9
músculos
    antagonistas 7
    contracción 6, 7
    isométrico, entrenamiento 6
    DMAR (dolor muscular de aparición retardada) 9
    escollo 6
    especificidad 7
    estabilizador 7, 8
    fibras 7
    fuerza 6, 7, 9
    hipertrofia 7, 9
    masa 6, 9
    postura 8, 13
    promotor 7, 8
    resentimiento 9
    resistencia 6, 7, 9
    sobrecarga 9
    talla 6
    tensión, mantener la 8

tipos (de movimiento
    rápido/lento) **7**
tono **6**
véanse también músculos
    específicos
muslos
    aducción y abducción **78-79**
    cuclillas **18-19**
    cuclillas con balón y una pierna
        44-45
    estiramiento de cuádriceps **14**
    levantamiento muerto y
        sentadillas **20-21**
véase también flexores de rodilla

N

nalgas
    boca arriba y una pierna, flexión
        de los flexores de rodilla
        46-47
    cuclillas **18-19**
    cuclillas con balón y una pierna
        44-45
    glúteos y patada, elevación de
        76-77
    glúteos, elevación de **48-49**

O

oblicuos *véase* torso
observación **13**
ósea aumentada, densidad **6**

P

pantorrillas
    de pie, extensión de la pierna **22-3**

de pie, levantamiento de
    pantorrilla **52-53**
sentado, levantamiento de
    pantorrilla **24-25**
pecho
    cables, cruce con **80-81**
    cables, levantamiento con balón y
        82-83
    estabilidad, flexiones de pecho y
        54-55
    estabilidad, presión hacia abajo y
        56-57
pecho, levantamiento y
    empuje de **26-27**
pectorales *véase* pecho
periodicidad **9**
pesas, entrenamiento con **6, 7, 8**
    entrenamiento excesivo **13**
    pesas **6, 13, 16-41**
    sistemas **12**
véase también entrenamiento en
resistencia
peso natural del cuerpo **6**
piernas
    cinta para andar **122-23**
    iliotibial, estiramiento **14**
véase también pantorrillas, flexores
de rodilla, muslos
postura **8, 13**
programas **10-11**
promotor *véanse* músculos

R

rango de movimiento (RM) *véase*
movimiento

recto abdominal *véase* abdomen
recuperación **9**
    entrenamiento excesivo **13**
    sistemas **10, 11, 12**
repeticiones **6**
    bases **6-7**
    calentamiento **14**
    conceptos **6**
    ejercicios *véase* entrada principal
    enfriamiento **14**
    equipo **6, 8**
    fases **6**
    más/menos **6**
    periodicidad **9**
    pesas *véase* entrenamiento con
        pesas
    resistencia, entrenamiento en **6-15**
    seguridad **13**
    sistemas **10-13**
    sobrecarga **9**
    técnica **6, 8-9**
    terminología **6-7**
resistencia, *véase* músculos
respiración **8, 15** *véase también* cada
ejercicio
romboides *véase* espalda, superior
rotador, manguito *véase* hombros

S

seguridad **13**
series **6**
    periodicidad **9**
    recuperación **9**
    repeticiones *véase* entrada
        principal

sistemas **10, 11, 12**
sobrecarga **9**
sistemas **10-13**
    avanzados **10-11**
    fraccionamiento **12**
    intermedios **10-11**
    principiantes **10-11**
    reglas **12**
    seguridad **13**
sobrecarga **9**
    entrenamiento excesivo **13**
    sistemas **11**

T

tibia *véase* piernas
tono *véase* músculos
torso
    arrodillado, flexión **108-9**
    balón, posición firme con **66-67**
    inclinaciones laterales **112-3**
    balón, posición firme inversa con
        68-69
torso, rotación de **72-73**
véase también abdomen
trabajo *véase* sistemas
tríceps *véase* brazos, parte superior
trote **6**
    cinta para andar **122-3**

V

velocidad *véase* movimiento
volumen **9**
    entrenamiento excesivo **13**
    sistemas **10, 11, 12**
programas de ejercicios